创业时，
不可不知的细节

如何让你的创业避免失败

杨轩◎著

浙江大学出版社

自　序

创业者，你并不孤独

前两年创业是一股浪潮，在很多人群中，如果你不是创业者，或者不在创业公司，可能就显得很奇怪。

从 2016 年下半年开始，不管是季节寒冬还是资本寒冬，创业慢慢开始进入"真刀真枪"阶段，概念和模式重要，但商业的本质更加重要。如何创造价值、如何创造利润，变成了核心问题。

很多原来觉得对的互联网模式都不灵了，融资也不像以前那样容易了，很多创业者可能觉得世界好像一下子离自己而去，不知道如何面对。

其实你并不孤独，大部分创业者都面对着同样的问题，只不过有些人在抱怨，有些人则在改变。

这个时候可能得回到创业的原点去想一想很多事情。以前创业要经历五年、十年甚至二十年才会有所成就，所以中间的积累过程很长，对问题的应对时间也很长，有很多时间可以去思考、去改进，甚至一个错误还没来得及反馈就已经被覆盖了。现在互联网的创业基本上按月来计算，整个过程都在加速，互联网思维也大行其道，"小步快跑""快速迭代""快速试错"，这些都没有问题。只不过有些错不能犯，一犯就可能全盘皆输，比如股权问题、投融资问题、方向问题等等。

大部分创业公司做的事情，都是这个行业里面没有人做过的，没有任何成功经验可以参考，都要靠自己一点点去摸索和尝试，遇到困难和挫折是必然的。创业者需要内心强大，也要有非常强的快速学习能力，不停学习，不停进步。

创业其实是非常难的一件事情。很多创业者都有这样的经历：可能在同一天里，刚刚因为一些事情信心爆棚，觉得自己所向披靡，可以征服行业；过一会儿就因为另外一些事情，感觉糟透了，信心全无，仿佛整个世界都在和自己对抗。这样的状态起伏，每个创业者会经历非常长的一段时间。

其实这些经历并不可怕，也不是只有你一个人在承受，创业路上要面对这些困难，你并不孤独。

为什么写这本书

我做微信公众号有好几年了，发表的文字积累起来有几十万字，初衷是为了给自己做总结。慢慢地，粉丝越来越多，也碰到越来越多的事情。

一个典型的创业场景是：创业者有了一个想法，自己觉得不错，于是就拉上三五个同学、好友，去工商局注册个公司，租个办公室，就开始创业了，并且以 CEO 自居，分封"C×O"给合伙人，大家着实兴奋了一阵。然而兴奋过后，他们才发现，其实这里面有好多事情还没弄明白，好多问题还没想清楚。而且，大的问题有点招架不住，小的问题又缺少方法论，拿捏不准。

其实只要一开始创业，这些看上去纷纷扰扰的问题，会像潮水一样涌进创业者的脑子里。如果你招架不住，那就完了。因为如果不解决这些问题，那么你的合伙人、你的员工就会感到困扰。当员工开始思考公司的未来在哪里甚至还有没有未来的时候，那基本上公司离分崩离析也不远了。

没有人天生就懂所有的东西，每个创业者都是从一点都不懂开始的，需要经历九九八十一难才能取得真经。只不过，有些磨难需要你自己扛，无可避免；但有些"坑"，有人提醒一下就能避免，特别是那些"生死坑"。

经营微信公众号的时间越长，碰到的事情越多，越来越明白，我写的东西不一定对，但都是自己的思考和总结，对于创业者来说，不一定适宜，但至少可以作为借鉴和提醒——提醒他们少犯错，少掉到"生死坑"里。

一次偶然的机会，我碰到了蓝狮子的图书编辑，他们鼓励我把这些内容整理成一本书，可能对创业者的帮助更大。我觉得很对，就努力把这件事情做好，于是有了这本书。本书的内容可能比较粗糙，还有许多不完善的地方，但是相信对创业者来说，这本书能帮助他们重新认识创业、避开创业路上的一些"坑"。

我所写的，不是心灵鸡汤，也不是毁"三观"、洗脑的"成功学"，而是简简单单、实实在在的文字，是让创业者能看明白，而且看了就能直接运用的内容。这是我写这本书的初衷，也是我的心愿。

为什么创业？

每个真正的创业者内心都躲不开这个问题：为什么创业？

我经常和创业者一起聚会，主要是谈一些合作和业务，但偶尔也会聊一些相对务虚的话题，聊得最多的，就是这个问题："你为什么而创业？"这个问题虽然看上去很普通，但在不断的追问和拷问中，我们可以发掘出很多有意思的东西，也能够剖析自己的内心。

所以我在公众号和朋友圈上做了一个小调查，抛出的问题就是："夜深人静了，认真地拷问一下自己，为什么而创业呢？不要谈梦想和理想，谈点现实的，找到内心深处的理由。"

微信公众号和朋友圈里的有效回复加起来差不多有900条，朋友们回答得很认真，有些答案甚至让我觉得非常感动，因为我看到这些创业者真的是在做自我的探寻和改变。

正如一位网友"@林武"回复的：

"挖掘得越深，创业坚持到成功的可能性越高，才有勇气跟希望面对现实中一次又一次的挫折和不顺！"

这是我想对每一位创业者说的。

我将创业者们对这个问题的回答整理了一下，希望对在创业的以及准备创业的读者朋友有所鼓励。

回复比较多的前三个答案是：

第一：为了赚钱（这个回答占了一大半）。

第二：为了有自由、有尊严。

第三：为了让自己和家人过得更好。

这三类回答都很好理解，其他有意思的答案我也挑了一部分罗列于下：

@杨*亮：骨子里不是一个可以安逸的人，生活需要折腾，未来也在于折腾，只有不停地折腾，让自己越来越强大。发现、接受，从而适应，再到改变、颠覆。为的是证明自己，体现自己的价值。我不能在这里悄无声息。

@悟空：一个节点一个体验，刚开始粗暴地认为可以自由支配时间，公司启动后发现根本由不得自己，相反，要投入更多的时间和精力，现在还在努力着，只为能回报支持自己的爱人和兄弟。

@赵*a：创业是因为要让自己的原始创造力复活。过去的工作每天都机械般地度日，拿高薪、住五星，每天都面无表情地扮酷，工作时无感情，钱与利当头。创业是因为家里除了我还有挣钱的养家人，支持我搏一把。创业是因为我自私而自我的疯狂。

@N*s：两性间的自卑感。弗洛伊德曾经把人类一切动力归结到性欲上，这是我最反感的一种归纳，但强烈的憎恶情绪也让我反省自己是不是因为被"抓包"才有这种反应。然后，这样的自卑感经过多年的自我挣扎和不断反省，发展成了一种"王侯将相宁有种乎"的志气和要去这个世界的顶端看一看的好奇心。这就是我为什么创业。

@S*s：我只是认为年轻的时候应该认真地做好每一件事，便是自己最好的业。我觉得在信仰缺失的背景下，（梦想）恰恰就是代替了信仰，让人深思。回到现实层面，我觉得我是自私的。我有手有脑，并不至于饿死，于是更多地考虑自己而不是家庭，什么是我要的。回到每个人最本质的核心，或许就是为了证明自己，留下点东西。

@豆*兵：为了自己不害怕。想做点与别人不一样的事，想要获得别人赞同。想确认自己一直想做的事是不是值得在现在付出时间。想要知道一个确切的人生答案。

@黄*明：说白了，作为一个白手起家的创业者，我觉得（创业）更多的是为了时间和金钱的自由，这才是最原始的动力。没经历过贫苦的人可能永远只会说我是为了梦想。是的，梦想很重要，但你知道在家里有重重负担的情况下，谈自己的梦想是多么软弱无力吗？我也想抛开一切去追求自己喜欢的东西。

@D*华：探索自己能力的极限，找到并发挥它；看到客户使用并欣赏你的产品和服务时，享受这份认同；为家人创造必要的物质条件的同时，有能力帮助那些需要帮助的人。

@L*n：创业跟养孩子有点像，都希望自己的产品能够赢在起跑线，过程中自己慢慢长大，获得成长感和成就感，产品也一步步完善，等有了钱，有做更多事情的可能。

　　我真心地想和创业者们说一声："加油，创业者！"

　　这本书能得以出版，要感谢各位粉丝，没有你们的鼓励和支持，我是坚持不了这么久来完成图书内容的创作的。感谢我的同事杨嘉俊，作为我的助手帮我完善了一部分内容。还有我的同事徐洁、刘金栋以及好朋友沈晓玲，他们都为这本书的内容做出了贡献，感谢他们的努力，让创业者能看到这本书。

目　录
CONTENTS

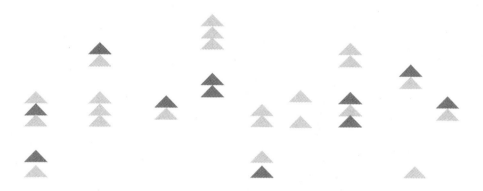

第一章

创业前，你该准备什么

创业前，请先熟悉你的行业

对于创业公司而言，行业研究是一件非常重要的事情。行业研究内容包括行业的环境、结构、市场、组织、成长性等各方面内容，有助于创业者把握行业发展的整体状况，包括行业宏观发展情况、需求满足程度，估算行业的市场容量，以此来评估自身在行业中的竞争力。同时也有助于创业者判断行业的发展趋势，做出更好的选择，以适应行业发展。在大部分行业里面，我们都需要对行业的发展前景及竞争对手有一个清晰的了解和判断，不能闭门造车。

了解行业的渠道有很多。首先可以搜集行业相关新闻报道，这是了解行业最直观、简单的方式。新闻查找的方式非常多样，如通过门户网站细分栏目或专业垂直的行业网站，甚至是通过知名的行业公众号，去关注、了解政策新闻、行业大事、领先企业、行业八卦等资讯。在搜集行业信息时，创业者应带着自己的商业模式和行业框架去搜集关键、有用的信息。

在新闻报道之外，各种研究报告及数据是进一步了解行业的另一个方法。除了各种证券公司、投资银行及咨询机构会推出研究报告外，一些互联网行业的相关研究机构及网站，也是创业者了解行业的有效途径，例如易观智库、199IT互联网数据中心、艾瑞网、中国互联网络信息中心（CNNIC）、腾讯大数据、百度开放服务平台、百度数据研究中心、阿里研究院的阿里行业研究报告、IT桔子、360研究报告、企鹅智酷等等。

除了行业的研究报告外，行业中标杆公司的深度研究报告也有助于我们理解行业。特别是行业中上市公司的年报或者研究报告，有助于我们加深对行业的理解。比如，作为一名保险中介行业的创业者，在了解这个行业的过程中，必不可少地要去参考一下行业内的巨头们的业务发展情况，如它们的发展历程，目前所涉及业务的情况、拥有的资源、财务状况等。这些数字折射出这个行业的很多信息。

线下行业内的交流是深入了解行业的一个必不可少的渠道。阅读再多的报告也不一定能搞懂一个行业，报告读得越多，疑问也会越多，而只有真正深入到行业内，与实践者做深度交流，才能查漏补缺、消灭所有疑问，对行业有更深刻的理解。深入线下交流包括参加行业内的交流会议，对行业中的实践者进行拜访交流等。这么做的目的是去认识行业内有经验的、对行业有着深刻理解的人，从而进入行业圈子内。这样才能真正了解行业内的秘密。这是考验创业者的记忆能力、分析能力、理解能力和社交能力的功课，也是一个慢慢积累的过程。而在行业内不断积累的人脉和经验，也是进一步认识行业内地位更高、对行业理解更深刻的人的基础。真正理解和看透一个行业的人是不多的，只有极少的人能看得全、看得透一个行业的未来发展趋势，所以在交流和拓展人脉的过程中，最重要的是挖掘到关键人，和关键人交流你的疑问。

不同的人对事情的看法不同，认识的正确性和深度也不同。最终找到正确的人去解答你的疑问，这个过程是需要不断积累的。除了通过行业交流及人脉获取渠道，有条件的也可以购买付费内容和专家资源。

在关注行业新闻、研究相关报告、深入行业线下交流的过程中，都需要我们自身不断思考，反复验证及改进自身对行业的认知模型，最好能提炼出自己对行业的观点和问题，并运用到实践中。以上所有对行业的关注和研究，其实都是为了指导自己进行更好的行业实践，将自己的理解、思考与正在做的事情结合起来，并且不断提升自身的业务能力和水平。

在大多数情况下，我们面对的信息不是太少，而是太多，并且很难分辨好坏。因此，我们更需要勤于思考，不断寻找行业里更优秀的人去聊天、学习，结合自己的实践去检验，不断剔除错误的认识，让自己更加了解自己的行业。

你的对手，你了解吗?

如何看待自己的竞争对手，是每个公司都会遇到的问题。我们每一个人对竞争对手都不陌生，可以说我们每时每刻都在和别人竞争，我们身处的社会就是一个充满竞争的环境。我们的竞争对手，可能是高于自己的对标对象，可能是棋逢对手的竞争对手，可能是目前还没有被视为竞争对手的后起之秀，也可能是跨行业的潜在威胁者。特别是在现阶段，信息技术在改变世界的同时，也将行业与行业之间的界线逐渐抹平。凭借互联网技术和全新的商业模式，跨界的竞争者能够更加方便地避开行业原本费时费力的部分，直接瞄准关键环节。

竞争对手的出现是不可避免的，也并不全然是坏事情。竞争对手可以和创业者一起培育市场，带来更多的市场机会，也能让创业者时刻保持警觉。竞争激烈也证明了大家对这个市场及行业的认可。

如何看待竞争对手？这是每个创业者都关心的事情。面对竞争对手，琢磨对手的策略是必要的。关注竞争对手的动向，客观评价竞争对手，对比自己的优势与不足，对自身的发展及正确策略的制定都有好处。

但很多情况下，我们对对手的重视程度不是不够，而是太过了。有些公司对竞争对手的策略始终处于过分紧张的状态，对手一有风吹草动就改变自己的策略。这是一种错误的做法。

如果创业者不关注自己的消费者与市场机会，只知道病态地盯住竞争对手的一举一动，无异于自我毁灭。

创业者常出现的错误做法有：

· 试图复制每一个竞争对手的产品，经常改变自己的策略

· 在自己与竞争对手之间制造紧张气氛

· 公开诋毁竞争对手

· 相比于消费者及产品，对于竞争对手投入了过多注意力

如果创业者过度关注竞争对手，就往往会忽略市场变化，并且会把竞争对手的变化误解为市场的变化。例如，中国本土的零售企业，看到跨国零售商抓紧抢占中国市场，不断圈地，误以为做零售终端就是圈地和扩大市场区域。但实际上并不是。零售业的市场关键要素是对于消费者的理解和单店的盈利能力。

创业者也不能一点也不关注竞争对手，那样的话，就很可能会错过一些有用的信号，代价也许就是被市场所淘汰。

很多时候，竞争对手并没有你想象得那么优秀。创业者应该保持自信和独立判断的能力，相信自己对行业和产品的判断，不盲目跟风。其实我们能够看到的对手的动向，都是落后于对手的策略的，琢磨对手的策略是需要的，但关键还是找准自己的方向。

找准商业模式

一个公司不会只因为有一个好的商业模式就成为优秀的公司，但是一个优秀的公司必须有一个好的商业模式！

商业模式是一个非常宽泛的概念，在很多场合，都能听到与商业模式相关的说法，包括运营模式、盈利模式、B2C、B2B、"羊毛出在猪身上"，等等。

其实，商业模式是一种简化的商业逻辑。根据 IBM 商业研究所和哈佛商学院教授克莱顿·克里斯坦森（Clayton M. Christensen）教授的观点，商业模式就是企业的基本经营方法，包含四个部分：用户价值定义、利润公式、产业定位、核心资源和流程。

用户价值定义是为目标用户群提供的价值，其具体表现是为用户提供的产品、服务及销售渠道等价值要素的某种组合。利润公式包括收入来源、成本结构、利润额度等。产业定位是企业在产业链中的位置和充当的角色。核心流程包括企业的生产和管理流程，而核心资源则是企业所需的各类有形和无形的资源。

除了纯技术创新的项目，大部分创业项目在开始的时候都应该有自己的商业模式，并且，商业模式也不是一蹴而就的，理想的商业模式往往要经历长时间的磨合调整才能成型。

当下正面临资本寒冬，商业模式或者盈利模式更需要创业公司直接面对。所有的公司都是以盈利为目的的，公司的生长也遵循以下逻辑：发现需求——找到解决方案——形成产品和服务——建立商业模式——规模复制。公司的商业模式是对以上逻辑的思考与总结。而投资，也是对以上逻辑的推演。在当下的资本环境下，投资人更注重那些符合商业逻辑和有着清晰盈利模式的项目。对创业公司来讲，也需要把自己的商业模式想得更清楚。创业公司要想明白自己找的需求是刚需、软需还是伪需；想明白针对上述需求，自己的解决方案是否有效；想明白用户是谁；想明白整个行业能否赚钱；想明白在该行业中提供的产品或者服务是如何赚钱的……企业对上述问题想得越清楚，对行业和产品的理解越深，商业模式就会越清晰。企业形成了好的商业模式，意味着企业的解决方案透过产品，与利益相关者建立了合理的商业生态，企业也就进入了良性运转状态，这样的商业生态也构成了企业独有的壁垒。

多年以来，在经历了各路人马的尝试之后，互联网行业初步产生了以下商业模式。

1. 实物商品的商业模式

（1）自己生产、自己销售：自己直接生产、直接销售产品给用户；

（2）外包生产、自己销售：把生产环节外包出去，自己只负责将产品直接销售给用户；

（3）只生产、不销售：自己只负责生产，交给分销商销售；

（4）只销售、不生产：自己作为分销商，或者提供销售商品的交易市场。

2. 广告

（1）展示广告：展示广告的一般形式是文字、通栏横幅、文本链接、弹窗等，通常是按展示的位置和时间进行收费。

（2）广告联盟：广告联盟是互联网形式的广告代理商，广告主在广告联盟上发布广告，广告联盟再把广告推送到各个网站或 App 里去。百度联盟、Google AdSense 是最大的两个广告联盟。基本上，在流量还没有大到一定程度时，网站都会选择跟广告联盟合作。只有做到一定流量后，网站才会跟确定的广告主直接建立合作关系。广告联盟一般是按广告的点击次数进行收费。

（3）电商广告：这类广告中最常见的就是阿里妈妈了，另外京东、亚马逊、当当网也都有自己的电商广告，凡客当年也是靠风格独特的电商产生突然蹿红的。这些广告一般是按销售额提成付费。很多导购网站就是完全靠这类收入生存的，特别是海淘导购网站，会接入各个海外购物网站的广告。

（4）软文：软文是指把广告内容和文章内容完美结合在一起，让用户在阅读文章时，既得到了他们想看的内容，也了解了广告的诉求。很多媒体网站或者微博、微信公众号，都是靠软文赚钱的。

（5）虚拟产品换广告效果：企业还可以为用户提供虚拟产品，但是代价是用户必须接受一定的广告，比如看某段视频、注册成为某个网站的用户、下载某个手机应用（App）时，必须观看一定时长的广告。

（6）用户行为数据：通过分析用户在网站或 App 上的操作方式，可以分析用户的习惯和心理，从而帮助工作人员在产品设计和商业规划上做出正确的决策。很多企业都需要这样的用户使用习惯的数据，所以出售这样的数据是很有市场的。淘宝数据魔法就提供这样的服务，比如可以通过对数据的分析告诉你什么地区、什么商品、什么风格或什么尺码最受用户欢迎。

3. 交易平台模式

（1）实物交易平台：用户在你的平台上进行商品交易，通过平台支付货款，你从中收取佣金。天猫就是最大的实物交易平台，天猫的佣金是其主要的收入来源。

（2）服务交易平台：用户在你的平台上提供和接受服务，通过平台支付，你从中收取佣金。威客平台猪八戒就是这样靠收取佣金盈利的。优步（Uber）的盈利模式也是收取司机车费的佣金。

（3）沉淀资金模式：用户在你的平台上留存有资金，你可以用这些沉淀的资金赚取投资收益回报。传统零售业用账期压供应商的货款，就是为了用沉淀资金赚钱。现在这个套路也用到互联网行业了，很多互联网金融企业、O2O 企业，都寄希望于采用这个模式盈利。

4. 直接向用户收费

（1）定期付费模式：这种商业模式类似于手机话费的月套餐，定期付款获得一定期限内的服务。相对于一次性付费直接买软件，定期付费的单笔付费金额比较小，所以用户付费的门槛相对较低。

（2）按需付费：按需付费是当用户实际购买服务时，才需要支付相应的费用。比如，想在某视频网站里看某一部电影，于是花5块钱只看这一部，这就是按需付费。如果购买了该网站的 VIP 用户包月项目，在一段时间内所有会员免费的电影都可以看，这就是定期付费模式。

（3）打印机模式：打印机的商业模式是指，先以很便宜的价格卖给消费者一个基础性设备，比如打印机，但用户要想使用这个设备，就必须以相对较高的价格继续购买其他配件，比如耗材。剃须刀也是采用类似的商业模式，一般来说剃须刀刀架的价格低到近乎白送，而剃须刀公司是通过卖刀片来赚钱。

5. 免费增值模式

（1）限定次数免费使用：这种模式是指在一定次数之内，用户可以免费使用某物品或服务，超出这个次数的就需要付费了。

（2）限定人数免费使用：这种模式是指用户数量在一定人数之内时，可以免费使用；如果用户数量超出这个限定数量，就要收费了。

（3）限定免费用户可使用的功能：免费用户只能使用少数几种功能，如果想使用所有功能，就需要付费。

（4）应用内购买：应用的下载和安装使用是免费的，但是在使用的过程中，需要为特定的功能付费。这一类模式应用得最多的就是游戏了，在游戏中经常需要购买虚拟装备或者道具之类的功能。

（5）试用期免费：让用户在最初一定的期限内可以免费使用，超过试用期之后就要付费。

（6）核心功能免费，其他功能收费：苹果手机 App Store 里的App，有不少都是这种模式，一个产品分为免费版和收费版。免费版里具备基本功能，但是要获得更多的功能，就需要付费下载收费版本。

（7）核心功能免费，同时导流到其他付费服务：比如微信，微信聊天是免费的，但是微信内置了很多其他服务，如游戏、支付、京东、滴滴打车，这些服务中都可能有收费的项目。

（8）组织活动：通过免费服务聚齐人气，然后组织各种下线活动，这些活动可以获得广告或赞助，或者在活动中销售商品或服务。

除了上述提到的几种商业模式外，还有更多优秀的企业在不断开拓新的商业模式。商业模式创新，也是当下企业获得核心竞争力的关键。所谓的商业模式创新，指的是对企业的基本经营方法进行变革。一般而言，有四种方法：改变收入模式、改变企业模式、改变产品模式和改变技术模式。

一是改变收入模式，就是改变一个企业的用户价值定义和相应的利润公式或收入模型。这就需要企业从确定用户的新需求入手。这并不是市场营销范畴中的寻找用户新需求，而是从更宏观的层面重新定义用户需求，即深刻理解用户购买你的产品需要完成的任务或要实现的目标是什么。其实，用户要完成一项任务需要的不是产品本身，而是一个解决方案。一旦确认了这个解决方案，也就确定了新的用户价值定义，并可依次进行商业模式创新。

二是改变企业模式，就是改变一个企业在产业链中的位置和充当的角色，也就是说，改变其价值定义中"造"和"买"的搭配，一部分由自身创造，其他由合作者提供。一般而言，企业的这种变化是通过垂直整合策略或出售及外包来实现的。如谷歌已经意识到大众对信息的获得已从桌面平台向移动平台转移，自身仅作为桌面平台搜索引擎会逐渐丧失竞争力，就开始实施垂直整合，大手笔收购摩托罗拉手机和安卓移动平台操作系统，进入移动平台领域，从而改变了自己在产业链中的位置及商业模式，由"软"变"硬"。IBM公司也是如此。IBM在20世纪90年代初期意识到个人电脑产业已无利可寻，随即出售此业务，并进入IT服务和咨询业，同时扩展它的软件部门，一举改变了它在产业链中的位置和原有的商业模式，由"硬"变"软"。

三是改变产业模式，这是最激进的一种商业模式创新，它要求一个企业重新定义本产业，进入或创造一个新产业。如IBM通过推动智能星球计划和云计算，重新整合资源，进入新领域并创造新产业，比如商业运营外包服务和综合商业变革服务等，力求成为企业总体商务运作的大管家。亚马逊也是如此，它正在进行的商业模式创新向产业链后方延伸，为各类商业用户提供如物流和信息技术管理这类的商务运作支持服务，并向它们开放自身的20个全球货物配发中心，同时大举进入云计算领域，成为提供相关平台、软件和服务的行业领袖。

四是改变技术模式。正如产品创新往往是商业模式创新的最主要驱动力一样，技术变革也是如此。企业可以通过引进激进型技术来主导自身的商业模式创新，如当年众多企业利用互联网进行商业模式创新。当今，最具潜力的技术是云计算，它能提供许多崭新的用户价值，从而为企业带来商业模式创新的契机。另一项重大的技术革新是3D打印技术。这项技术一旦成熟并商业化，将帮助许多企业进行深度的商业模式创新。

通过上面几个商业模式创新的案例，我们可以看到，对很多公司来讲，商业模式并不是一成不变的，除了商业模式大的创新变化外，理想的商业模式本身往往也需要经历长时间的打磨和不断优化。商业模式的创新过程，也是用户价值、供应链管理、社会需求、企业自身利益等各要素相互之间博弈和平衡的过程。商业模式就算在小范围内试验成功，在面对更大范围的市场时，也需要做出相应的调整。一句话，商业模式是动态的，希望创业者们在不断地思考与打磨中找到并完善自己的商业模式。

盈利模式和商业模式的区别

很多人把盈利模式和商业模式混为一谈，其实这两个概念并不相同。从大的逻辑来看，商业模式包含盈利模式。我们在上文中介绍了商业模式，商业模式是指企业的商业逻辑，主要包括用户价值定义、利润公式、产业定位、核心资源和流程，我们可以把利润公式理解成盈利模式，即盈利模式是商业模式设计的最终目的和想要达成的最终目标。盈利模式的设计是商业模式设计的重要步骤和关键环节，它设计的是新商业模式下企业新的收入模式，即收入来源方式和成本摊销方式，也就是利润模式的创造。而商业模式不仅包括盈利模式和利润创造模式，更重要的是明确这种利润创造模式是否在正确的方向和轨道上，这种盈利方式是否可以长久持续下去，明确企业的用户价值和其在产业中的定位。

所谓盈利模式，就是企业获取利润的方法和途径，通俗地讲就是企业如何赚钱。盈利模式包括企业与利益相关者的收入与成本之间的设计，比如红星美凯龙对家具厂商收取租金，红星美凯龙拿固定收益，家具厂商得到剩余收益；而居泰隆则跟家具厂商按照交易量收佣金，双方均得到分成收益。

企业盈利的方式，还包括产品本身的盈利方式，比如数控机床，其盈利方式有很多种：直接让渡产品的所有权——把数控机床卖掉，这是传统的销售；只让渡产品的使用权——企业仍然保有所有权，把数控机床租出去，收取租金，这是租赁；销售数控机床生产出来的产品，例如用数控机床自建生产线，销售生产出来的零部件；作为投资工具，例如在生产零部件的同时，把数控机床打包卖给固定收益基金公司，企业得到流动资金，基金公司获得一个有固定收益的证券化资产包；等等。

在互联网行业里，主要的盈利逻辑有以下4种：

（1）流量变现：想办法将海量的流量转变为盈利。比如广告（如谷歌，按广告点击量收费）、导流（如360浏览器，按导入的流量多少收费）。

（2）佣金分成。直接为客户提供服务，收取一定的提成。比如B2C电商平台（如天猫，按卖出商品的价格提成）、支付平台（如支付宝，按收款金额提成）、团购平台、游戏平台。

（3）增值服务。基础功能免费，高级功能收费。比如游戏里卖道具，QQ卖各种钻石会员及QQ秀等。

（4）收费服务。所有功能都收费，比如企业邮箱就是卖邮箱服务，计算能力提供商卖服务器数据库，卖SaaS[①]收取技术服务费等。

---

① SaaS（Software as a Service），软件即服务的缩写，是指随着互联网技术的发展和应用软件的成熟，在21世纪兴起的创新软件应用模式。——编者注

商业模式讨论的是整个交易结构，包括交易对象、交易内容、交易方式、交易定价等，盈利模式主要与交易定价及与此相关的交易方式有关。因此，我们说盈利模式是商业模式的一个重要组成部分，却难以代表整个商业模式的范畴。免费可以作为一种商业模式，而其盈利模式是，通过向免费获得的用户提供增值服务获利或通过流量变现获利。

透过盈利模式看到其背后的商业模式支撑，能够理解完整的企业价值，而从商业模式整体框架出发，在盈利模式上作恰当的设计，也有可能取得奇效。比如索尼通过改变盈利模式，快速追赶上任天堂十几年的积累。

任天堂原来是通过游戏机本身的销售收入、第三方游戏软件商20%的"权利金"及向第三方收取14美元的游戏卡带制作费盈利的。任天堂对第三方游戏开发商设置了很多苛刻的条件来保护自己开发的游戏。而索尼进入市场后，完全引入第三方游戏开发商，把"权利金"模式发扬光大：亏本出售游戏机，靠"权利金"赚钱。同时，索尼对第三方开出了更为优厚的条件：不限制每年游戏开发数量（任天堂限制每年5个），放松了游戏的审核（任天堂是发放"质量封条"认证）。"权利金"（含"代理制造费"）只需要900日元，约合10美元（任天堂收取游戏售价的20%＋14美元的卡带制作费）。此外，索尼规定，游戏的首批订货量只需达到5000个（任天堂需2万个），极大地降低了门槛。同时，索尼还采用成本更低但容量更大的"CD光盘"，鼓励"第三方"推出大制作的电子游戏。按照这种盈利模式经营的索尼PS和PS

2创造了比任天堂 FC 更辉煌的业绩。在本来相同的商业模式里，通过对原有盈利模式的改变，索尼迅速地成了行业老大。

　　盈利模式的设计和创新可谓道路多样，但无论如何设计，必须与商业模式整个系统紧密配合，围绕客户价值、利益相关者的交易需求及企业自身定位来设计。它与产品模式形成天然的一体，产品模式既是企业商业模式的承载体，更是盈利模式的依附体！总而言之，无论是商业模式还是盈利模式，都不可空想，要符合商业本质、遵循商业逻辑。

如何注册一家公司

现在提倡全民创业，不需要验资和前期出资了，开办公司的成本极低，据说现在每一分钟就有一家互联网创业公司注册，但可能 99% 的"老板"都不知道自己的公司是如何注册的。

了解如何注册公司不一定马上用得上，但我相信会让创业者心里更加有数，说不定哪天就用上了。

首先需要明确几件事情：

（1）目标是成立一家什么样的公司。如果是在杭州注册互联网公司，一般会叫作杭州××网络科技有限公司，如果不是互联网科技公司，而是主营广告之类的，那可以叫作杭州××广告公司。

（2）股东有哪些。这个很重要，最好一开始就把股东确定好，特别是股份比例以及出资比例。

（3）经营范围。这个可以参考本行业同类公司。

（4）是否设立董事会。如果不设立，就比较简单，只要有一个执行董事就行，不然就要列出董事会成员名单。

接下来，就是注册公司的具体流程了，简单来说有以下几个步骤：

（1）核名。这个很关键，取一个有力量的名字对公司来说是件重要的事情，最好准备5～10个备选名称，现在重名率太高。

到本地工商行政管理局（简称工商局）去领取一张"企业（字号）名称预先核准申请表"，填写已准备好的公司名称，由工商局工作人员上网（工商局内部网）检索是否有重名，如果没有重名，就可以使用这个名称，工商局会核发一张"企业（字号）名称预先核准通知书"。

（2）办理租房合同。以前开公司需要专门租一间商用写字楼，现在很多地方的工商部门为了鼓励和方便创业，有虚拟地址可以用即可，甚至有些孵化器公司可以按工位注册公司。

租房后要签订租房合同，并让房东提供房产证的复印件。

（3）编写"公司章程"。可以在工商局网站下载"公司章程"的样本，根据公司自身特点进行修改就可以了。章程的末尾需由所有股东签名。

（4）网上预约登记。在工商局网站上进行企业网上登记，在这里登记的是公司注册的全部信息，包括公司名称、注册资本、法人、股东及股东的出资比例、任职分配、注册地址等信息。

（5）办理公司工商登记。目前商事登记制度改革提速，2016年国务院办公厅发布《国务院办公厅关于加快推进"五证合一、一照一码"登记制度改革的通知》，使企业工商登记流程更加便捷。"五证合一"中的五证是指营业执照、组织机构代码证、税务登记证、社会保险登记证、统计登记证。

目前浙江省已经率先实行五证合一，全国各地也陆续开始实施。

"一照一码"是指五证的信息体现在一张营业执照上，并且使用企业唯一的统一社会信用代码。

营业执照是企业或组织合法经营权的凭证，登记事项包含名称、地址、负责人、资金数额、经济成分、经营范围、经营方式、从业人数、经营期限等。

组织机构代码证是各类组织机构在社会经济活动中的通行证。"五证合一"之后，企业的组织机构代码信息已经包含在18位统一社会信用代码中。

税务登记证是从事生产、经营的纳税人向生产、经营地或者纳税义务发生地的主管税务机关申报办理税务登记时，所颁发的登记凭证。五证合一之后，国地税申报税都采用18位统一社会信用代码作为企业纳税识别号。

社会保险登记证是企业参与社保的凭证，企业员工参保需要另行按社保部门流程办理。

统计登记证用于统计部门需依法向工商部门提供统计调查获取的核实结果、统计调查获取的企业基本信息、企业违反统计法所受到的行政处罚信息、统计严重失信企业信息等共享信息。

五证合一之后，企业只需在工商局办理营业执照，具体流程如下：到工商局领取公司设立登记的各种表格，包括设立登记申请表、股东（发起人）名单、董事经理监理情况、法人代表登记表、指定代表或委托代理人登记表。填好后，连同核名通知、公司章程、房租合同、房产证复印件、验资报告一起交给工商局。大概 5 个工作日后便可领取营业执照。

（6）公安局刻章备案。凭五证合一的营业执照到公安局指定的刻章社去刻公章、财务章。在后面的步骤中，均需要用到公章或财务章。

（7）去银行开基本户。凭五证合一的营业执照去银行开立基本账号。开基本户需要填很多表，最好把能带的东西全部带上，包括营业执照，税务登记证，身份证，组织机构代码证，公、财务章、法人章。企业基本户设立需要人民银行备案，需要 3～7 个工作日才能办理完毕。

（8）办理税务一户通协议。国地税一户通是指企业、银行和税务机关三方签订的扣款协议，用于企业网上申报税扣款。公司需要按时申报国税和地税。申报的税种根据企业的经营类目而定，例如增值税、印花税、其他一些附加税费等。签订一户通协议后，企业可以在线申报扣款。一户通协议的办理流程是：先到企业所属国地税营业大厅领取一户通协议，填写信息后交由开户行确认盖章，最后交给所属国地税窗口确认。

（9）重要提示。公章、发票等作为公司最重要的物件，公司法人一定要小心保管，以免遗失！

以上是注册公司的基本流程，办好了这些，公司就可以开始运作了。

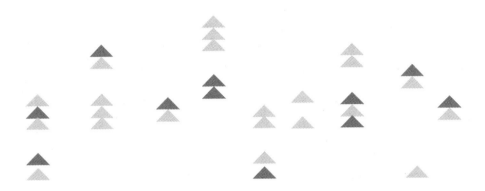

| 第二章 |

打造一个好的团队

创业公司如何寻找合伙人

为什么需要合伙人？

关于这个问题，顺为资本副总裁及入驻企业家孟醒说过一段话："如果解决的问题很熟悉，是和之前工作本质一样的领域，你就是公司的核心竞争力，那么这样的初创者往往可以解决创业初期的很多困难，也不那么需要合伙人。对应地，如果要解决的问题越复杂，行业跨度越大，产品越新兴，初创者就越需要一个或多个合伙人。"

创业窗口期紧迫，团队都是在和风口赛跑，如果初创者发现在某块业务或者获取资源的能力上有所缺失，并且在短时间内无法学习，寻找合伙人应该是必然的选择。

合伙人和普通员工的区别

早期团队核心员工和创始人之间是雇佣关系，简单来讲就是我给钱，你办事。至于公司发展如何，其实与领固定薪水的员工关系不大，他们只需要对自己的工作尽责，没有义务和责任去贡献更多的精力和资源，即使有部分期权激励，也不代表与公司的利益有所捆绑，依然随时可以离开。

而合伙人则是一个完全不同的概念，要成为合伙人，首要条件就是与初创者一起共同承担公司的风险，一起应对在公司发展过程中遇到的方方面面的难题，愿意把自己所积累的各种资源最大化地用在公司经营上，愿意和初创者一起 All in（全身心投入）。

"饿了么"网上订餐平台创始人张旭豪在公司初创阶段找合伙人的时候定下了两个门槛，一个是能力优秀，人格上不能有缺陷；另一个是必须休学。作为一个大学生创业团队，张旭豪认为创业就是要有决心把一件事情干成，不能给自己留后路。退学需要说服导师、说服自己的家长，说服自己破釜沉舟，也会淘汰掉意志不坚定的人。

如何做到按需招人？

这里举一种做法，不少早期公司都会在最短的时间内做出一款简化可实行产品（MVP，minimum viable product），作为第一个产品里程碑及首次融资的样品（demo），可以通过这样的目标设定，来规划自己需要业务、营销、技术、运营、人力、战略、管理中哪些方面的合伙人，需要几个，其中哪些是比较难找的，哪些可以通过其他方式解决而不影响整体产品进程和发展，比如产品 demo 找技术外包，核

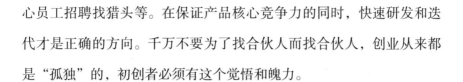

心员工招聘找猎头等。在保证产品核心竞争力的同时，快速研发和迭代才是正确的方向。千万不要为了找合伙人而找合伙人，创业从来都是"孤独"的，初创者必须有这个觉悟和魄力。

合伙人去哪里找？

不管对于早期公司还是大型公司，每一位合伙人都是公司的宝贵财富。要找到合适的，能和初创者、创始团队有化学反应的合伙人着实不易。下面列举几个比较靠谱的方法，供大家参考。

长期的业务伙伴。一般来说，如果是在某个细分行业创业，如果能找到该行业上下游的伙伴加入，无论是对产品的开发，还是对业务的理解和拓展，都会有比较大的帮助。

通过自己的社交圈，在熟人圈里寻找合作伙伴。这种方式的好处是知根知底，有一定的信任基础。

通过社交网络，比如知乎、微信公众号、微博等，通过个人的号召力和影响力来寻找一些合伙人。这种方式对于寻找一些特定的合伙人（增长黑客、技术牛人、资源丰富的私人猎头）有不错的效果。

要谨记的是，招合伙人是对自身资源和公司的一种考验，要有耐心，要不断反思，可以在面试合伙人的过程中多听听他们对公司的规划和对行业的理解，从而对自己创业的方向有更深层次的思考，算是寻找合伙人之外的收获。

阿里"十八罗汉"的启示

阿里巴巴集团的首个官方纪录片《造梦者》（*Dream Maker*），首次曝光了 16 年来影响阿里巴巴发展历程的珍贵影像，看完令人深有感触。那么被称为"十八罗汉"的阿里巴巴创始人们到底有哪些特质呢？我认为主要有两点。

首先是彼此认同。这是令人感触最深的一点。不管是在公司发展的高潮或是低谷，合伙人总是将公司发展放在第一要位，因为他们始终相信阿里巴巴的商业模式能够胜出，要知道在初创时，许多投资机构都拒绝对阿里巴巴进行投资，在这样的情况下，要深信并且去全力实践，对这样一个团队来说，是非常难能可贵的。

其次是术业有专攻。在发展早期，不管是被称为阿里巴巴"隐形英雄"的蔡崇信，还是给未来的阿里巴巴价值培训奠定基础的关明生，都是通过自身的优秀才能，在最关键的时刻加入阿里巴巴，起到了不可替代的作用。前者改变了阿里巴巴"三无团队"的性质，壮大了团队力量，更重要的是完成了阿里巴巴世界与资本世界之间的沟通，后者提出的一个"last man standing"（要做最后站着的人）的培训口号成为百年阿里培训体系的精神支柱，他们都在阿里故事中写下了自己的篇章。

与你的合伙人坦诚相待

在确定了想要争取的合伙人目标之后，初创者就要开始想办法说服对方加入自己的团队，对于早期创业公司来说，特别是种子期，没有资本或者是行业大佬背书的情况下，要想吸引优秀的合伙人候选人，让他们放弃现在的工作加入一个风险很大的创业团队，实际上是比较难的。

这里想给出大家四字真言：坦诚相待。

你要知道，你寻找的是在未来很长一段时间内都要与你并肩作战的伙伴，诚恳地向他们展现你的创业初心，包括对公司的构想和未来规划，这是非常有必要的，也是建立相互信任的首要基础。

在沟通中，也应尽可能地了解候选人的过往经历，无论是成功经验抑或是失败教训，都能看出对方对工作、对生活的价值观和处世态度，多维地了解，以保证找到合适的战友。

3W 联合创始人鲍艾乐说自己是依靠复杂性和不确定性来吸引创始人加入的，我个人比较赞同这个观点。一个真正渴望优秀的人面对创业带来的种种超额成长的可能性，一定会袒露出自己的兴奋和激情，只有拥有这样的素质和心态，才能成为合格的创始人人选，所以无须过分掩饰公司的真正目标，找到合适的拼图。

诚然，个人魅力和实力、背景的确是早期招募合伙人的重要因素，但是坦诚相待才能为日后长期相处打下坚实的基础。

此前，58 同城和赶集网的竞争，在外界看来就是流量的竞争，曾经服务于多家知名互联网公司的陈小华是两家竞争中关键的胜负手。
58 同城 CEO（Chief Executive Officer，首席执行官）姚劲波知道他的
时候，他已经加入赶集网半年多了。但因为有和谷歌的合作，赶集网
CEO 杨浩涌一直没有向陈小华提及期权和上市的事，这给了姚劲波
一个机会。

姚劲波不停地"骚扰"陈小华，陈小华把他的手机号拉入黑名单后，
他就换座机打。后来，他干脆跑到赶集网办公楼下，对陈小华说：我人
都已经到你楼下了，你不下来，我就只能上去了。后来，他对陈小华
说："对不起别人没那么重要，最重要的是要对得起自己，你觉得跟
谁干最有可能成？"最后陈小华加入了 58 同城，成了姚劲波最亲密
的商业伙伴。

原则问题

公司发展到不同阶段，合伙人各自发展提升的速度可能会变得不
一样，在团队中的价值也会相应发生变化，这种情况十分普遍。因此
提前约定好基础性原则就很有必要，包括每个合伙人需要承担的责任、
拥有的权利、后期会获得的利益以及退出机制，都应先商议好。特别
是控制好薪水和股份以及期权的比例，平衡好合伙人当前的积极性和
未来对团队的长远价值。

小　结

360 创始人 CEO 周鸿祎在为《合伙人》这本书所写的序言"不会找合伙人，不配做创业者"中写道：

创业是一场马拉松式的接力赛，是一个长期、艰苦的过程，没个七八年达不到目标；同时又要求你必须以百米冲刺的速度去竞争。这一切都需要优秀的合伙人来执行，前赴后继。在这一过程中，无论是创业团队，还是已经成熟的公司，分享机制、激励机制非常重要。

创业者愿不愿意敞开胸怀去与某些方面的能力比自己要强的人合作非常重要，只有与员工分享公司的未来、分享公司的梦想，才能找到真正的合伙人。

再举个例子。当初雷军创立小米，决定组建超强的团队，前半年花了至少 80% 的时间找人，幸运地找到了 7 个非常厉害的合伙人，全是技术背景出身，平均年龄 42 岁，经验极其丰富。合伙人中 3 个出身本土、5 个是海归，分别来自金山、谷歌、摩托罗拉、微软等知名企业，土洋结合，理念一致，而且大都管过几百人的团队，充满创业热情。这也给小米之后扁平化的七个核心创始人—部门主管—员工的构架和合伙人分管业务线的模式打下了基础。

招合伙人是一个开始，在战略和战术上都要重视，找到能和你一起不断发现问题、改进问题，不断接受挑战的有能力、有勇气的人，才"配"做个创业者。

如何找到你需要的创业员工

本篇有两个限定的场景：一是针对早期创业公司，二是招的人为核心/普通员工，非合伙人。

先说一个身边小伙伴的事情：

小伙伴 A 在 BAT［三大互联网公司——百度（Baidu）、阿里巴巴（Alibaba）、腾讯（Tencent）的简称］工作，拥有数年行业经验，凭借着对行业的深度理解和对创业窗口期的判断，果断辞职出来创业，准备一手组建团队，做出产品小样，然后去找风险投资。可是事情往往不如人所愿：他迟迟找不到合适的团队，当初没有对招人做充分的准备，自以为这个环节可以很顺利地完成，结果拖了大半年才正式组建成团队，产品研发进度大大滞后，导致在同一时间不少同类产品已经纷纷试水市场。小伙伴 A 后悔不已，真没想到当初规划创业时自己最不在意的一个环节，影响了公司的整个发展进程，纵使有天时地利，也因为没有"人和"而处于一个非常被动的状态。

硅谷创新企业一直秉持着"Hire slow，fire fast"（雇用慢，解雇快）的原则，招聘这个环节的确需要提前做一些功课（特别是因为早期创业公司招聘一般都是 CEO 负责或参与，基本上没有招聘面试的经验），我们把它分成渠道的选择、沟通的进行、对人的判断和整体规划四点逐一阐述。

招聘渠道及文案

　　首先讲一下现在几类招聘渠道的特点和优劣。

　　说起招聘网站，我们往往先想到的是中华英才网、51job 此类的传统招聘网站，但在这里不建议使用，因为它们的人群定位有偏差，职位设定上也没有互联网公司的刚需岗位（技术、运营、新媒体），无法通过有效的匹配来寻找合适的候选人。

　　第二类是以拉钩网、boss 直聘为代表的新兴互联网招聘平台，因为本身受众群体定位更精准，加上候选人管理和沟通模式更互联网化，例如 boss 直聘主打的是直接面对未来直属上司、用自由聊天代替烦琐的简历投递，招聘两端的效率都有比较明显的提高。

　　第三类是猎头平台，例如猎聘网、猎上网等，通过撮合你的需求和猎头的资源来获取候选人，其优点是：可以省去一些筛选的成本；缺点是：对于早期公司来说，使用猎头公司是一笔不小的开支，建议在公司初具规模后，针对中高端人才使用。

　　第四类就是线下的猎头公司，主要集中在北京和上海，包括跨国猎头公司罗盛咨询（Russell Reynolds）、海德思哲（Heidrick & Struggles）等，国内的有锐仕方达、科锐国际（Chinacareer）等，近几年纷纷展开互联网业务，但是也如同猎头平台一样，使用者需要支付一定的费用，而且并不能判断该公司在招聘互联网人才上是否有着像其他行业一样的多年累积和沉淀的优势。

第五类是直接在大街网、领英这样的职场社交平台，通过搜索引擎的筛选和多度人脉的关系去寻找合适的候选人，这样做不确定性较大，原因之一是无法判断他的简历是否及时更新，二是即使找到合适的人，也有可能发现对方在短期内并没有进入创业公司的规划。

第六类就是进入垂直领域的招聘平台，例如主打服务于中高端程序员的垂直招聘平台 100offer，采用的是程序员拍卖模式，每周一期拍卖，持续时间为 2 周。在 2 周时间里，HR（Human Resource，人力资源）随时都可以给正在拍卖的程序员发送邀请函，每期拍卖时间定在周一。因为在入驻企业和程序员上都做了一定的筛选、审核和后续包装，所以两者的匹配效率会比较高。如果对某个行业的人才有着此类的需求，这不失为一个好的渠道。

此外，还有包括朋友、同事之间的推荐和通过朋友圈扩散的招聘启事等，一般都比较真实、可靠，而且双方有着比较充足的信任，但是千万不要因为面子问题而无法拒绝朋友、同事介绍来的候选人。

说完渠道的分类，一份合适的招聘文案对招聘也有比较强的助力。作为"知乎"深度爱好者，我经常会看到一些专栏大"V"通过"抛砖引玉"（观点招聘）的方式，写出一些非常吸引眼球的招聘文案，当然这样的招聘方式比较小众，可模仿程度比较低，因为大"V"本身就需要很长一段时间的运营和自身的积累。一份合格的招聘文案必须包括：职位名、要求、加分项、工作描述、薪酬和福利、如何投递简历。以下就是一个比较好的招聘文案，给大家做个参考。

锤子科技长期招聘 Android 工程师

我们对你的要求：

1. 本科以上学历，计算机相关专业，有扎实的 Java 或 C＋＋语言基础；

2. 有良好的代码风格，团队精神和敬业精神；

3. 正直、优秀、有上进心，经验丰富的同时没有丧失开发超牛产品的热情。

精通 OpenGL/OpenGL ES 者优先；

有 Android 上线产品开发经验者优先；

有 Android Framework 开发集成经验者优先；

熟练使用 Linux，精通脚本编程者优先。

在我们这里，你可以得到什么：

薪酬待遇：无损失地参与一个伟大公司的创业，看到满大街的人都在使用你开发的产品，领到一份足以中年之前腰杆很硬地带着老婆退休并沦为一对废物（如果你愿意）的期权和股份，一个 Herman Miller（赫曼·米勒）的 Embody（人体工学）传奇办公椅，和每天两顿让你再也不想去饭馆的美味工作餐。

请将个人简历发送至：dev-hr@smartisan.com。

交流沟通

说完渠道和文案，再说说交流沟通这件事。在与候选人沟通时，有以下几点需要注意：

（1）CEO应尽量参与其中。在公司成立初期，基本上每个员工都是归CEO直接管辖的，所以在早期创业招人面试环节，CEO的参与和判断能够保证对员工知根知底，对后续工作的开展有正面作用。

（2）快速通知。面试完不要给候选人过多的等待时间，尽量在一周内和候选人沟通面试结果。这也是对候选人的一种尊重。

（3）在与候选人沟通薪资和福利的过程中做到坦诚，不含糊或者隐瞒一些细节，因为如果发生误会造成负面效果，反而得不偿失。

（4）在期权激励方面，要表现得大方，利益共享，并且要言而有信、说到做到。处于成长期的公司由于资金有限，薪资一般并没有特别强的竞争力，也无须打肿脸充胖子，直接坦白即可。候选人也是认可公司的发展前景才会考虑加入。

面试判断

接下来我们谈谈在面试完候选人之后，该如何选择和判断。每个人对他人的理解和判断不一样，因为已有团队的配置不同，招聘需求也有所不同，我们这里就不再赘述，主要说说在硬条件和实力方面如何进行判断。

一般来说，如果 CEO 在招聘非自身相关行业的候选人，由于经验不足无法判断是否合适时，可以通过自己的朋友或者寻找一些身边的行业专家来帮助判断，也可以在此过程中学习一些判断的核心依据（关键问题、关键指标衡量标准）。当然如果需要案例展示的话，也不妨让候选人简单地实践一下（完成一个需求或者做一个简单的方案）。

整体规划

关于招聘规划，早期公司一定要遵从按需招人的原则，尽量保证团队处于"小而美"的状态，不宜模仿大公司的人才囤积策略，第一是因为负担不起成本，第二是优秀人才需要的是有挑战性的岗位和工作内容，如果你不能提供这些，反而会在短时间内流失这个宝贵的人才，在没有需求的情况下，和有潜力的候选人保持良好的联系是比较好的选择。

小 结

一家早期创业公司如何在短时间内找到合适的人，组建起一个好的初创团队，比拿到钱有更加重要的意义，因为团队到位基本可以保证整个公司快速发展，包括产品迭代、数据沉淀、走通商业模式，这

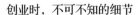

些是保证创业公司顺利发展的根本。创业公司在没有品牌、资源或者资本背书的情况下，招人的确不容易，不管是用精英文化的聚集效应去招一个顶级团队，还是通过信任基础去招一个业务团队，按需招聘、保证速度、多一点坦诚、有规划有态度，是基本的早期创业公司的招聘准则。早期团队（少于20人）更多是根据 CEO 的特点和属性来招聘，所以希望每位初创公司的 CEO 或者潜在创业者都会对招聘这件事更有底，做好更加充分的准备。

你知道你应该招多少人吗?

现在的创业不比以前,都会争取拿到一些风险投资。当我问那些来找我谈融资的项目负责人,拿到钱了要做什么时,他们其中百分之百会给出一个理由,就是招人——增加人数,扩展业务。

这个理由无可厚非,公司要发展,员工就得增加。但是每个阶段需要多少人,自己能管多少人,这个问题需要非常认真地思考。

你到底应该招多少人呢?

这里我们引用清科集团创始人倪正东的一段话来回答:"很多创业者在融到VC(Venture Capital,风险投资)的资金后,会在第一年花掉募集资金的50% ~ 80%,然后在第二年把剩下的钱花光。他们募资后会雄心勃勃地干三件大事:一是扩大办公室或者搬豪华办公室;二是涨工资,大幅招人;三是市场营销费用骤增。之后,他们又没钱了,并处在生死边缘。很多创业者,都会因为曾经花钱太快而后悔!"

他说得非常有道理,可能创业失败的理由有千千万,但是拿了投资又失败的公司大部分都是因为走了这条路。

原则和经验公式

一个创业型公司每个阶段需要多少人，这个问题比较复杂，需要具体问题具体分析（case by case），但是有几个"天条"，对于大部分创业公司都适用：

第一，联合创始人不要超过 3 个（除非起步就是个明星级的大项目，比如小米）。

第二，在没拿到投资之前，如果有盈利业务，人数不要超过 10 个；如果没有盈利业务，人数不要超过 5 个。

第三，第一笔投资若没超过 500 万元人民币，且无客服和大量销售人员，公司人数不要超过 15 个。

移动开发者论坛（EOE）的创始人靳岩对此曾说过一段话，在此引用供大家参考：

就创业公司人数的问题，我老是和创业的一帮朋友们探讨，最早我也很迷惑为啥一家公司做这么点事情，就需要几十个人？为啥一个 CEO 一裁人，公司里边的人数就裁了一半？甚至什么前台、hr，都自己去做？后来慢慢地明白，原来人数不是成功路上的必要条件，人数在某些时候甚至和创业公司的成功成反比。认识的一哥们儿，很有意思。他说，靳岩，我总结了一个创业公司提升 3 倍效率的公式，我听了听，感觉还挺像那么回事的，至少很有意思，懂的人可以参考，不理解的人可以博取一笑。

创业公司提高 3 倍效率经验公式——

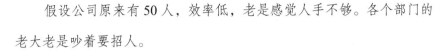

假设公司原来有 50 人，效率低，老是感觉人手不够。各个部门的老大老是吵着要招人。

送走 1/3 不合适的人，包括部门老大，效率立刻提高了 1 倍。

间隔 1～2 个月，坚决砍掉非核心的业务，让公司集中做一件核心的事情，效率再次提高 1 倍。

经过一段时间，有人会跟不上公司发展的节奏，再送走 1/3 掉队的，效率再提高 1 倍。33 人 ×（1 − 1/3）＝ 22 人。

至此，显性薪水不变，人数从 50 人减少到 22 人，效率提高到 400%。

很多人都有一个错误的认识，认为如果团队没有 50 人，创业如何能成功？如果没有一个人数众多的团队，事情怎么能够做完？

其实，不管是不是在创业公司，不管是在哪里做事情，每个人永远都有做不完的事情，关键在于如何做事情。如果在人的潜意识里，这件事情没有排上优先级，那就说明这件事情不重要，更直白地说是这件事情可以不做，甚至是不值得做的。既然如此，为什么还要安排很多人去做这件事情？这是老板的问题，是管理者的问题。员工数量不是成功道路上的必要条件。

公司人数是创业公司的第一大天敌。

一家没有效率的公司，必死。

一家没有效率的创业公司，会以最快的方式死去。

创业不容易，成活率简直低得可怜，从今天开始成立一个有效率的创业公司，你的公司成功的可能性将会大大增加。

仅有 190 人的 Supercell 的启示

2016 年 6 月 21 日，腾讯公司宣布，确认收购日本软银集团所持芬兰游戏公司 Supercell 的股份，占股约 84.3%。

这家被收购后估值为 102 亿美元的公司，旗下共有《部落冲突》《皇室战争》《海岛奇兵》和《卡通农场》四款游戏，并在 2015 年为 Supercell 带来 21.09 亿欧元（约合 23.26 亿美元）收入，净利润 8.48 亿欧元（约合 9.64 亿美元）。

花了六年时间成为全球最赚钱的手游公司，荷兰的 Supercell 却只有 190 名员工，其中一半是研发团队，这样算来人均净利润达到了 500 万美元之多。

Supercell 的 CEO 埃卡·潘纳宁（Ilkka Paananen）从企业文化方面解析了公司的成功，他说："不像有些公司动辄招揽数百名开发人员，Supercell 一直保持精巧，每个团队由 7 人组成，迅速开发游戏，然后迅速抛弃（但只有一个人能做出淘汰决定，就是拿出创意的人）。"

史玉柱在 2015 年参加 Supercell 公司座谈时便被这家公司的员工数量吓了一跳，感叹："一个公司不是人越多越好，而是越少越好。"

如果合伙人离开了，怎么办?

创业本身就不容易，假如在创业中途，有合伙人要退出，怎么办?很多人说，不可能，都是好兄弟，怎么可能走呢!

很残酷的现实是，一个公司从小到大，有合伙人离开是个大概率事件，翻遍各国上市公司的团队名单，几乎所有的公司都经历过合伙人离开的事情，或迟或早。所以不要讳疾忌医，应该正确面对这件事。

2016 年下半年，娱乐圈的王宝强离婚事件，科技圈的冯大辉离职事件，刷遍了微信朋友圈。根据高少星发表的微信公众号文章说，冯大辉在丁香园做了六年 CTO（Chief Technology Officer，首席技术官），还进了董事会。最近他离职了，手上还有一些公司股份，丁香园想回购，但是在价格上没谈拢，再加上一些沟通方面的问题，最终导致双方公开反目。我举这个例子，只是想引出一个问题，即一直以来创业公司合伙人退出、双方翻脸的事情时有发生，而且有可能对双方、对公司都会造成非常大的影响，轻则品牌受损，重则业务一蹶不振。

提前准备：合伙协议

那如果真的发生了合伙人退出的情况，该怎么办呢？这个得分提前准备和事后解决两种来讨论。

合伙人退出既然是个大概率事件，那么在合伙之前，就应该先把协议写明白。郑明龙律师的文章《干货：创业团队的合伙协议怎么签？》中讲明了合伙协议的标配条款，在此引用一下，供各位参考。

（1）合作背景。合伙背景很容易被忽略，但这恰恰是最基础的部分。阐述合作背景，是对合伙人之间据以合作的资源整合分析，是合伙人之间各自的角色定位和对项目贡献的梳理过程。

（2）创业项目概述。创业项目是合伙事业的载体，开工之前，总得把要做什么事情、做成什么样搞明白，包括项目类型、经营范围、领域、定位、运营模式、项目推进计划、发展愿景等。

（3）出资。出资方式：法律规定的出资方式包括资金、土地、厂房等不动产，汽车等各种动产，专利、商标和著作权等知识产权权益。在创业实践中，有些人是以技术、特定劳务或特定资源出资，在创业实践中得通过条款进行技术处理，使之合法化。出资期限：出资期限包括资金到位，动产和不动产权利转移，在创业团队中，常见的转移是知识产权权益转移。要对出资方式及到位期限做出明确约定，确保合伙人的合作资源同步到位，保证创业项目的顺利推进。

（4）股权比例。在做股权结构时，必须考虑到股权激励池、未来融资及引进新合伙人的股权代持。所以，在股权比例条款中，不能做常规约定，对于有代持情况的，应予以特别明确。

（5）分工。在合伙人之间决定共同创业的那一刻，应该都对彼此分工有明确的认识和界定，但还是要通过书面的方式固定下来，谁是CEO、CTO、COO（Chief Operating Officer，首席运营官），要确定下来。明确分工的重要性还在于这直接关系到合伙人在项目的职责。

（6）盈亏承担。这是很重要的条款，其意义不言而喻。盈亏必须说清楚，包括盈利怎么分享，亏损怎么承担，其中的原则、规则和流程，应"先小人后君子"。

（7）薪资。对于需要拿薪资的合伙人，要做出具体约定。

（8）财务。创业团队的财务一般都很不规范，没有专职或兼职会计人员，但还是要规范资金保管、支出、记账和监督。

（9）决策和表决。合伙人依法享有法定的股东权利，这一点毋庸置疑。但创业的不确定性决定了其决策和表决权必须不同，必须引入分歧表决规则。创业团队需要核心，在创业项目及团队重大事项表决方面，应当赋予CEO极其重要的权力，甚至是一票通过权和否决权。

（10）股权成熟。设定相关的股权成熟机制。

（11）股权稀释。创业项目在融资时，肯定要稀释股份，一般而言，创始人的股权都是按股权比例平等稀释，但有不作平等稀释的情况，也有股份代持的特殊情况。因此，对于股权稀释，应根据不同情况，作具体安排。

（12）创业项目保护。一般的合伙人协议，容易忽略对创业项目的保护问题。创业团队在创业过程中，很容易因为各种分歧导致合伙人分崩离析，部分合伙人退出，可能会带走创业积累的技术、知识、经验和模式，另起炉灶。为防止这种情况出现，一般要求创业团队在合伙协议中加入保密、竞业限制、同业禁止、全身心投入和商业模式保护条款。商业模式保护条款比较少见，在美国，商业模式是受法律保护的，但国内法律并没有有关商业模式的保护条例。但法律未列入保护范围，不意味着不可约定。可以对创业项目的商业模式进行明确约定，谁要是另起炉灶或泄密，就得承担违约或赔偿责任。

（13）股权转让、退出和吸收入伙。为保证创业项目的稳定性，一般禁止合伙人对外转让股份。在创业过程中，部分合伙人因各种原因退出，或因项目需要引进新的合伙人，都是很正常的，但合伙人的退出及入伙必须遵守规则，否则，对项目的影响非常大，甚至是致命的。这里，就必须对退出的准许事由、退出流程，吸收入伙条件、表决和流程，进行详尽的约定。

（14）清算。清算条款也很重要，创业的目标固然是成功，但也得考虑可能存在的失败的情况，对创业失败后合伙事业、财产的清算流程和规则进行约定，特别是对于创业过程中取得的知识产权成果的清算，尤为重要。

事后解决：股份回购 / 股权落实

如果以上这些事项没有在事前列明白，那事情发生后就要费点心思了。

如果公司还不太大，离开的合伙人要是对股权不太在意，肯留给还在奋斗的兄弟们是最好的情况，留下的兄弟们应该道一声"谢谢"。

如果公司已经发展到一定规模，股权相对值钱了，这时候一旦有合伙人要离开，就需要大家坐下来商量一下了。一般来说也有两种解决方案，一种是公司或者其他股东按一定价格回购股份，另一种方案就是股权落实（股权如何落实到个人）。

前面提到的冯大辉与丁香园的矛盾，主要是因为限制性股票回购和参照估值的意见不统一，知乎上"楠爷"也写了篇文章《闲话限制性股票回购：为什么按照上一轮估值回购不靠谱》，这里引用一段加以说明：

为什么说公司一般不会按照上一轮估值回购，其实原因很简单，在公司没有 IPO（Initial Public Offerings，首次公开募股）或者并购之前，所有的估值都是不被市场广泛承认的，我举个例子吧：

小 A 在 2012 年获得行权资格，按照当时公司估值 1000 万美元拿到了公司限制性股票，2014 年，公司 C 轮估值到了 4 亿美元，2016 年行业不景气，公司发生了巨大的困难，小 A 在工作上也不太顺心，想离职，此时公司也想对外融资，但是估值已经跌到了 1 亿美元。我们试想一下，小 A 离职的时候，公司会以 4 亿美元估值回购他的股票么？显然不可能。这是个制度性问题，如果我们只看到公司当前估值比上一轮涨了 3 倍就答应这个回购条件，那么未来公司估值下跌，公司股东和还在持股的员工的损失只会更大。很多人看问题，只看到自己的利益诉求，看不到公司在统筹这个事情上的难度和不可操作性。再说上市公司期权和限制性股票。去年股灾之后，很多上市公司推出了员工激励计划和期权计划，但正式授予的时候，股价比当时定的期权价还要低，使得很多公司的激励计划直接流产。员工都不傻，不会按高于市价参加激励计划，那么公司为什么还要以上一轮估值回购呢？上市公司的限制性股票在限制期内回购，都是按原始价格回购，直接注销的，从未听过按照上市公司某个时间的市值回购员工股票，这不合理，也无法操作。所以，讨论员工的股权回购，用上一轮估值是不合理的，也没法操作。我的建议就是，在足够好的工资＋业绩奖金机制的基础上谈限制性股票，基本不要考虑期权。目前看，行权成本、行权周期、限制条件和纳税，对于一个普通人来说毫无意义，如果拿显著低于行业标准的工资＋奖金，只是为了期权，毫无意义。

在合伙人离开的时候，当事人双方有些事情尽量不要去做：

（1）不要把一些还没谈好的事情公开；

（2）不要公开吐槽或者抱怨；

（3）不要纠缠小利益；

（4）不要翻旧账；

（5）不要传播公司战略层面的机密信息。

本着"好聚好散"的原则，以上做法对于事情的处理并没有什么帮助，而且可能会激化矛盾，给公司和本人都带来不利的舆论影响。而且在一些关键时间点，双方都处于一个很敏感的状态，很多无意的动作可能会被曲解或者误解，所以最好还是保持沉默。

小 结

合伙创业的人最初肯定是志同道合、互相认可的，但是创业道路上避免不了态度不合、合伙人离开的情况，各位创业者还需理性看待，做好事前的准备、想好事后的预案都是有必要的，失去了一个合伙人还能再找，但如果大家因为利益矛盾而互相伤害，甚至公开反目，那就得不偿失了。

看了也学不会的硅谷公司文化

硅谷的影响力究竟有多大，从全球有多少城市想复制其成就，但最终只是叫响了"×国硅谷"口号的故事中就能体会一二。2016 年 7 月，我和几个朋友花了一周时间游览美国，不能免俗地朝圣了硅谷这个全球科技创业者的梦想之地。

我们此行虽然是无目的的休闲游，但也经常有惊喜，比如偶然走进的一个咖啡厅，竟然是 WhatsApp 在被 Facebook 收购前，两位创始人最初创建公司的地方。

本来想好好体验下硅谷的科技感，但一圈逛下来，对我冲击最大的却是公司文化。

一百个人眼中有一百个硅谷，我想重点说说谷歌、Facebook、Uber 这几家硅谷标杆企业给我的深刻印象。

谷歌在我来美国之前刚改了名字，这是很有意思的一个动作。在市值方面，谷歌不及苹果，但要论企业文化的输出，可以说科技行业内无人能出其右。谷歌可谓是现代硅谷公司的原型——拥有工程师驱动的文化、扁平化的组织架构，奖励实证研究，给予员工充分的自由去从事感兴趣的项目，即便那些项目跟企业的核心使命毫无关联。

有一句话说得好，Google runs on engineers, and runs for engineers（谷歌靠工程师运行，谷歌也是为工程师而运行）。在"不创新会死"的工程师文化中，没有人会不同意谷歌是工程师的天堂。

谷歌员工享有非常大的自由和自主权，工作时间累了可以睡觉，饿了可以去吃免费餐，甚至可以带自己的宠物狗上班！很多人会质疑：身处如此享乐的办公环境，员工会不会失去进取心？事实恰恰相反，谷歌那些杰出的产品如 Gmail、Orcut，都是其员工在休闲时间萌发的灵感。

需要记一笔的是，作为一个前程序员，我在参观谷歌的过程中，最震惊的就是在谷歌食堂进餐时，被告知隔壁桌一个"糟老头"就是写某著名代码的神人。据说老爷子心情好时就写几个程序框架，然后谷歌 CEO 拉里·佩奇会安排一堆人写具体代码来加以完善，再然后，整个世界乐此不疲地使用着用这些代码写出来的程序。这号人物年事已高，怎么还这么有生产力呢？

Facebook 当年横空出世时，美国科技公司都高呼"野蛮人来了"。事实确实如此，谷歌离 Facebook 的办公区尚有段距离，但远处高空飘扬的一面黑底白骷髅海盗旗老远就宣告了那群黑客的方位。

扎克伯格自诩是个有理想的黑客，他认为能快速开发产品或测试事情极限的黑客很酷。所以，我们看到了一个极度崇尚黑客文化的 Facebook：铺天盖地的大幅壁画，"代码胜于雄辩"的标语张扬地贴在办公室墙上；公司楼内甚至还有一条"黑客之路"（The Hack Way）；而定期举行的黑客马拉松也是 Fackbook 的重要传统。

谷歌、Facebook 久负盛名的食堂宠坏了我们的味蕾，等到参观 Uber 时，面对较为单一（饮料仅有少数几种，啤酒只有一种）的午餐选择，竟然颇不适应。我们注意到 Uber 的办公陈设也非常朴素，并没有像 Dropbox 和 Airbnb 公司一样配备那种高级的高度可调节的办公桌，而是换成更简易、更便宜的桌面可调节支架。

据说，Uber 的 CEO 特拉维斯·卡兰尼克（Travis Kalanick）注重把钱花在他认为的"刀刃"（比如补贴乘客和司机）上。Uber 的早期团队成员大量来自谷歌和 Facebook 中最不安分的年轻人，他们厌倦大公司的官僚体系，喜欢折腾，因而相比前两家硅谷企业，Uber 的企业文化更年轻，也更直接。这也间接印证了我对初创公司要专注、别过多牵扯精力的判断。

看过非严格意义上的硅谷"老中青"三代，我不由地心生疑问：为什么中国没有诞生像 Google、Facebook、Uber 这样的公司？

我认为根源在于企业文化！"culture eats strategy for breakfast"（文化能把战略当早餐吃），是硅谷广为流传的一句箴言，意思是一个公司的成败并不取决于其技术实力，反而取决于该公司员工的价值观和行为。

尽管很多人评论马云擅长说教，但我发自内心地认为，国内企业文化最具硅谷范儿的是阿里巴巴。我曾听过一次马云的现场演说，"客户是衣食父母""通过发展新的生意方式创造一个截然不同的世界"……他叽叽喳喳却又真真切切地在呼唤人们对真善美的渴求。当他把想做的事情包裹以崇高的价值观后再告诉众人，众人自然而然也会相信这件事做成的可能性。

初创公司听到这里可能会抱怨：如果我不给出高薪，光嚷嚷着要改变世界，人才怎么可能会来？美国社会已经进入相对稳定的阶段，许多人不再为了赚钱而赚钱。但是"君子爱财取之有道"，为了赚钱而赚钱，就一定能够赚到钱吗？俗话说，今日因利而聚，他日必因利而散。

这么大的中国市场，为什么谷歌当初说撤就撤呢？谷歌高管给出的理由是，如果他们妥协，甘愿放弃"内容自主"的原则，一批与之奋斗至今如斗士般的员工就会离开。换言之，CEO可以以德服人、以技服人、以权压人，甚至画饼服人，但只有尊重每一个个体，满足他们的个性化需求，才能让员工富有激情，愿意为同一个愿景努力。

创业本身就是一种文化，是一条少有人走的路，艰难无比，就算是在硅谷也一样，真正创业的人其实不多，大部分还是选择在大公司上班。如果决定创业，那么无论当下处境多么艰难，都要坚持乔布斯所说的那句话："stay hungry, stay foolish"（求知若饥，虚心若愚），最终改变世界。

毕竟，这个社会注定只有一小部分人能够改变世界，其他人只能旁观世界发生的变化。

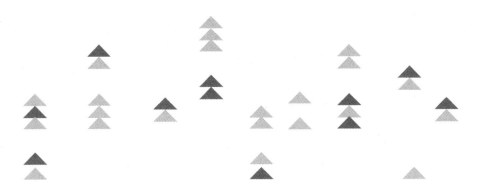

| 第三章 |

融资前，需要做哪些事

去哪儿找投资人？

关于投资人

早期创业中找到一个合适的投资人，对企业的助力是比较大的。以下针对的是首轮融资的早期创业者，应如何用比较正确和高效的方式，找到合适的投资人。

掌握市面上投资人的基本信息，主要有三个因素：机构、阶段和人。

第一因素：机构。

不管是独立的天使投资人也好，还是天使投资机构也好，一般情况下总是专注于某个行业或是某几个行业。作为早期创业者，通过基本信息渠道（投资公司官方网站、微信公众号、科技媒体、创投数据库等）了解其专注的领域，保证在投递商业计划书和投资人进行交流的时候，能准确地将自己的创业行业和对方的投资方向进行匹配，是比较关键的第一步。

第二因素：阶段。

明确机构／人的投资阶段和金额，一般情况下，早期阶段（对应融资额）为：种子轮（20万～50万元人民币）；天使轮（100万～500万元人民币）；A轮（1000万～3000万元人民币）。通过融资额度判断自己所处的阶段，寻找与之对应阶段的投资机构或人。

第三因素：人。

机构中不管是投资分析师、投资经理、投资总监、投资董事还是合伙人，都有自己专注和负责的行业，如何找到专攻自己行业的人进行交流，也是相当重要的，因为他们已经对这个市场有了比较清晰的了解，在交流过程中也能帮助你对项目有更好的认识，并且在其机构内部也会推动投资的加快落实。

错误方式

（1）在路演现场盲目寻找投资人，交换名片和项目信息。这种方式的弊端有三：第一，缺乏交流场景，投资人无法在短时间内对你的项目有比较清晰的了解；第二，缺乏信任，在不知道你／公司团队背景的情况下，投资人无法给出有针对性的评价；第三，不正式，寻找投资人是一件相对严肃的事情，应该在双方都认可的情况下，预约时间进行电话／面谈，而不是临时起意去找，这样对自己的项目和投资人都有一定程度的不尊重。

（2）去办公室堵人。这是非常不提倡的一种方式。基本上每个投资人都有预先安排好的时间表，如果贸然拜访，一般也不可能改变投资人的行程，而且在双方不事先进行充分了解的情况下，不能做到高效交流。

（3）商业计划书邮件群发。实际上，这种方式效率较低。就如同我们之前说的，每家投资机构都有自己专注的投资阶段和行业，其投资团队也各有分工，盲目的撒网式群发，能收到的反馈很少。

（4）死缠烂打式找投资。某些创业者可能对某家机构、某位投资人有着比较特别的感情（崇拜、仰慕、他人推荐等），所以可能会对投资人不断提出见面、交流、推进投资进度的要求。投资和创业一样，是一件需要严肃认真、用力思考的事，不能被感情因素所左右，所以死缠烂打型的最后结果往往就是给投资团队留下比较负面的印象。

正面方法

上面谈到了错误的方式，接下来，我们再来聊聊如何正确地寻找投资人。

（1）创业者应将自己的数据（业绩、收入、用户数等）做起来，专注于某行业的早期投资机构一般会对这个行业进行比较深入的研究和持续的关注，如果你的公司已经做出了一定的成绩，会引来对应行业投资人的联系和拜访。

（2）寻找中间人进行前期对接。当然，不是任何人都可以做中间人，你需要去寻找相对成功的创业者、风险投资圈内的好朋友，通过他们的信用背书，来找到合适的投资人。切记，千万不要强迫他们为你介绍投资人，当你的好朋友也不愿为你的项目进行对接的时候，就应该反思一下自己的项目了。

（3）尝试通过一些业内的渠道（论坛、社群、沙龙等）进行项目曝光。这些渠道贵在精，不贵在多。曝光时最好能发表一些真知灼见，无须太多废话，频次也不要太高。不然，大家会以为你在进行公关，或者留下一种纸上谈兵、业务无力的印象。

（4）寻找 FA（Finance Advisor，财务顾问）也是一种比较高效的办法。在财务顾问的帮助下，你可以对接在他们联系人列表里与你项目匹配的投资人，并且，其在商业计划书修改、会面交流、融资谈判时能提供专业的帮助。针对早期项目，目前国内比较优质的 FA 包括华兴资本旗下的华兴 Alpha、以太资本、小饭桌、猎云等。

最后，创业者也可以参加一些闭门的私密路演。一般情况下，公开场合的路演对项目的公关效果大于对其融资进度的推进效果，所以参加一些私密的、有针对性的主题行业路演，不管是在投资人的帮助下增加自己对行业、对项目的理解，还是高效地和数位投资人进行交流、推进融资进度，都是非常有帮助的。

小　结

本文主要是针对一些早期创业者，在没有对外融资经验的前提下，提出的一些寻找投资人的方式和需要避免的错误。当然，融资最重要的还是项目本身的竞争力，只有把项目做好了，后序的信息的对接、商业计划书的打磨、投资人的见面才是有意义的。是否是个好项目，才是能否拿到钱，实现"从0到1"突破的关键。

最后，列举一些比较优质的专注于早期投资的机构，供大家参考。

专注于早期投资的机构一览

机构名	地点	机构名	地点
险峰长青	北京	丰厚资本	上海
真格基金	北京	隆领投资	北京
曲速资本	杭州	阿米巴资本	杭州
创新工场	北京	经纬创投	北京
联想之星	北京	联想乐基金	北京
梅花天使	北京	零一创投	上海
明势资本	北京	九合创投	北京
熊猫资本	北京	源码资本	北京
高榕资本	北京	执一资本	北京
华创资本	北京	中路资本	上海
愉悦资本	北京	戈壁资本	上海
云启资本	上海	德沃基金	上海
红点创投	北京	金沙江创投	北京
北极光创投	上海	蓝驰创投	北京
君联资本	上海	BAI	北京
联创策源	北京	顺为资本	北京

首次融资要做哪些准备

　　针对早期企业的首次融资，创业者需要在哪些方面做准备呢？在这篇文章中，笔者根据自己的实战经验，结合著名股权众筹平台 FundersClub 联合创始人鲍里斯·希尔维尔（Boris Silver）写的《我从 16 个月投资 55 家公司的经历中学到了什么？》一书中的一些观点，谈谈首次融资时需要注意的东西，希望可以帮助没有融资经验的早期创业者顺利拿到第一笔投资。

商业模式和自我认知

　　融资当然需要一份好的商业计划书，于我而言，一份好的商业计划书只需要回答两个问题：其一，这个商业模式的价值在哪里？其二，为什么是我们能做好这件事？这是在创业的过程中作为 CEO 需要不断思考和琢磨的问题，也是能否顺利融资的最关键因素。当然这两个问题其实涵盖了不少功课，包括市场调研、用户分析、发展规划、团队优势、资源需求、品牌价值、投资回报等等。当然企业在发展初期，可能会因为理解和实际市场的偏差，需要改变发展方向，但是在融资的过程中，秉持对行业的深度理解，明确自己的优势和团队基因是非常必要的。

你所在的市场在很大程度上决定了你的公司未来有多大。著名风险投资人马克·安德森（Marc Andreessen）说："企业的头号杀手是缺乏市场。"再聪明的创业者、再先进的技术，也无法抵挡一个错误的市场对企业的毁灭。硅谷创业之父保罗·格雷厄姆（Paul Graham）也写道："在创业公司里，最后的大赢家可能达到的规模会违反我们正常的认识。我不知道这些认识是天生的还是后天习得的，但无论如何，投资创业公司最后可能达到的 1000 倍的效果是始料未及的。"对很多投资者来说，选择市场规模较大的行业是对投资风险的一种管控，这也是创业者需要思考的一个问题。如果你选择的是一个市场规模不大的行业，肯定会受到投资人的质疑：你是否在做一个"小而美"的生意？

能够回答"为什么是现在"这个问题。风险投资是对创业的资本助力，为什么在这个时间节点接受投资、创业者如何规划资本的杠杆作用来帮助企业快速发展，这些都是值得深入思考的问题，这也关系到 CEO 及团队对资本的运用和理解。

专注于从用户中获得反馈，而不是投资者。创业者最需要的反馈是来自享受产品和服务的人——他们是用户，而不是投资者。切记！在融资的过程中，创业者肯定会遇到不少投资人的问题和挑战。但是记住，你是离行业和用户更近的人，如果需要寻找答案，肯定是对行业进行研究或对用户进行访谈，而不是一味听投资人的意见。

互动交流

正式开启融资后，作为 CEO 肯定要开始和不同机构的投资人进行交流，下面列举了在交流的过程中需要注意的问题。

（1）只有当你做好融资准备时才找投资者聊。作为创业者，你的时间无比宝贵，尤其是在创业初期。投资者也许想在你做好准备之前就和你聊聊，但你应该避免打没有准备的仗。

（2）多展示，少说教。图表和数字要比话语更有表现力，尤其是在对投资者进行演说时。

（3）如果无法展示，你的阐述要很有效。如果你在潜在投资者面前演说的还只是一个概念或者想法，如何对其进行阐述便显得至关重要。领英（LinkedIn）创始人雷德·霍夫曼（Reid Hoffman）就是这样打动投资者的："偏重概念的演说要更依赖于未来的数据而不是当前的数据，这时要善用类比的方法。"

（4）在投资者面前要充满自信。融资是一个漫长的过程，其间难免会让人产生自我怀疑等负面情绪，这很正常。在与投资人的交流中千万不要流露出这样的情绪，如果一家公司连 CEO 自己都没有信心，那试问还有谁敢投资你们呢？

（5）自信但不傲慢，在投资者面前不要太有侵略性。积极（Aggressive）千万要注意分寸，过度了就会给别人留下过于激进、很难听取他人建议的印象。

（6）了解和你一起工作的投资者们。了解投资者的背景，关注他们在社交网络上的发言和文章。找到合适的投资人进行交流，对自己项目的发展或融资都有很大的益处，反之则事倍功半。而且投资者们也会相互交流对项目的看法，所以尽可能灵活一点，有针对性地了解你的投资者。

有效策略

对首次融资者来说，经验的缺乏可能导致融资进程缓慢而低效，以下列举一些简单的策略提示，可以帮助大家提高效率、避免问题。

（1）让投资者容易在网络上找到你。投资者会在网上研究你的公司，所以你需要让他们能够轻松地找到你的信息。合理的曝光可以帮助行业投资者找到自己，也是提高融资效率的一个好办法。

（2）融资需要冲劲。创业的冲劲和融资的冲劲，一个也不能丢。一般融资周期会在3个月到半年，在此期间一定要保持自己的冲劲，不断地和投资人进行交流，对项目进行反思。融资是事关创业早期生死存亡的大事，一定要全力以赴，不能有丝毫懈怠。

（3）时机很重要。一般的经验是，不要在每年的8月和12月融资，因为很多风险投资人和天使投资人都会在这段时间休假，所以在这段时间进行融资效率会打折扣。当然也有例外，比如你是通过朋友或家人融资，或者在线上融资，又或者即将完成某轮融资，那么所受到的影响就比较小。2015 年就有一个比较明显的资本周期，上半年的火热市场和下半年的"资本寒冬"告诉我们，融资的外部时机很重要。

时间会杀死一切，要尽快完成投资轮。市场变幻莫测，某项大投资机会的竞争者也不止一家，投资者对你的兴趣可能转瞬即逝。一定要将这一点牢记在心。创业者应该加快融资的速度，否则错失良机的可能就是你。快速地拿钱催化企业高速发展，不要执着于高估值，才是早期融资的正确原则。

没写在纸上的就等于没有，包括一些合同契约和风险投资协议。在没有最终签下投资协议的时候，一切都不是定数，即使你拿了不止一家的投资意向书（Term Sheet）。

只要资金没到你的账户里，一切就没有结束。

融资的心理准备

在融资过程中，要做好心理上的准备和预期，有些外部因素，包括投资环境和投资人的理解，的确会大大影响该创业项目的融资进度，创业者要正确看待这些现象，对项目进行合理的融资规划。

投资者也许会突然想投资你的公司。比如我见过有些原本无人问津的公司，6 个月后却突然有很多投资人挤破脑袋想要加入它们的某一轮投资。原因不外乎那几个：一是你的公司所在的领域突然很热门，每个投资者都想搭上顺风车；二是你的公司的发展挂上了高速挡，成长迅速，投资人都想参与进来；三是你的公司得到某位很有市场导向性的投资人的投资，其他投资人便跟风来投资。当然，三种情况也可能同时发生。

投资者的兴趣具有滞后性。如果你的公司确实在从事一些全新领域的工作，很多人在最初都会把它当作笑话来看待。硅谷投资人克里斯·狄克逊（Chris Dixon）有句名言："下一个大事物在最开始都会被误认为是一个玩具。"大多数投资者都是滞后的。

小　结

在创业竞争愈发激烈的今天，融到第一笔投资，的确需要面对不少困难和挑战，但是更加重要的是，在这个过程中，能和该行业的研究者和投资者进行比较深入的交流，这是很宝贵的机会。创业者应该全力准备，坦诚交流，把握时机，合理规划，享受这个既煎熬又能帮助人快速成长的过程。

股权分不好，老板关门早

在初创团队中，三五个兄弟为了远大前程凑在一起，把握稍纵即逝的机会，说干就干。但且慢，这里面有一个绕不开的问题：股份咋分？

事实上，"如何分配股权"是很多初创团队都会碰到的一个问题。本篇就和大家聊一聊初创团队中几位创始人之间的股份应如何分配。

首先，先讲讲两个典型的创业故事。如有"中枪"，纯属巧合。

第一个故事，是关于能同苦不能同甘——

A、B、C三人是好朋友，在经过了多次的讨论和反复的斟酌之后，他们决定说干就干，开始创业。由A牵头，出钱多占大股份；B稍年长，也有资源，因此股份比C稍多；C年轻有冲劲，但占股稍少。创业过程中经历了种种磨难和不易，但A、B、C三人相互扶持和信任，终于使公司迎来了飞速发展期，现金流和利润大大改善，各种投资和资本上的畅想也扑面而来。然而，问题也随之而来。B和C心里都有了自己的想法，"凭什么我付出这么多资源，才比小毛孩多这么一点""为什么×××没怎么干活，也和我差不多？"……各种矛盾在日积月累

中终于爆发。最终的结局就是分家，各起炉灶。创业的美好到最后只剩下怀念了。

第二个故事，是关于股份平分的。

有四个好哥们儿，原先是同事或同学，相互欣赏。在多次的研讨后，他们决定不浪费自己的激情，一起创业开公司，好好燃烧下青春。他们几个人没有经验，采取了草莽式的做法：平分股份，平分利益。公司发展速度很快，态势也很好，但问题也随之而来了。有的人觉得公司发展得差不多了，该歇歇了，开始更多地关注生活，自身的进步也放缓了；有的人觉得事业才刚起步，广阔天地大有作为，自己也非常拼命努力。有人则希望坐享其成，有人希望更上一层楼，互相指责和不理解在所难免。最终的结局也很可能是，努力的人带一帮兄弟出走，公司的业绩一落千丈。

这两个故事的共同点是，结局原本可以是很美好的。出现这样的问题，很大的原因是股份分配出了错。很多问题在刚开始的时候就已经注定了，结局也基本上注定了。

那么股份应如何分配呢？我结合自己以往的经验，将分配的主要原则简单列一下，供大家参考和讨论。

关于合伙人

考虑股份问题的前提，是要找到合适的合伙人——判断是否能长期做合伙人，是否能共同进步，这个比股份问题更重要。

确定合伙人是个比较复杂的问题，但如果找了靠谱的合伙人，股份问题相对会简单和轻松，而且公司出问题的概率也小。

这里不得不提一下阿里巴巴的合伙人制度，也就是所谓的"湖畔合伙人制度"，主要几个核心制度如下：

通过提名投票制来保证合伙人团队合理地更新换代。

赋予合伙人提名董事的权利，也让合伙人参与公司管理决策，而非通过双层股票结构将投票权固化在少数人手中。

离开阿里集团或关联公司时即失去合伙人资格。

合伙人任职期间需持有本人上任前股票的 60% 以上（即减持不得超过 40%），任职期满后三年内需持有本人上任前股票的 40% 以上。

总的来说，"湖畔合伙人制度"就是通过提高合伙人的参与度来建立企业的内在动力机制。如果想让企业得到长久发展，基业长青，建立如同阿里巴巴这样的合伙人制度是非常有必要的，虽然早期创业公司很少会经历合伙人的大更迭，但是作为创始人要明白，股权分配只是合伙人制度的一部分，其核心是保证公司有着一批始终秉持相同价值观，为公司发展不断努力的合伙人。

关于大股东

创业公司是一股独大还是多人平分股权？我建议在早期时，创业公司还是需要创始人有一定的"独裁"权力，也就是需要单一大股东。

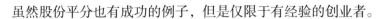

虽然股份平分也有成功的例子，但是仅限于有经验的创业者。

"董事长＋CEO"的模式可能只适合于少数特定的创业公司，CEO（一般是创始人）还是要掌控大部分的股权，以保证公司按照自己的规划来发展，也保证有人为公司负责，而不是在关键时刻，股权掌控者和公司管理者之间互相推脱。

关于出资额

在分股份的时候，所有股东都得出钱，合伙人中间尽量不要有干股。

当然，无须按照真实股本来入股，可以约定一个比例或者金额即可，主要还是为了增加合伙人的参与感。

关于资源入股、技术入股

所谓资源入股、技术入股，能避免的话应尽量避免，原因在于这些投入都非常难以量化，而且会给以后带来隐患。解决办法就是公司收购，公司账上若没有现金，可以先打欠条，等公司有钱了再补偿。

这样的好处是，不会因为开始的技术或者资源损害了公司未来发展的利益。技术入股及资源入股带来的不确定性，会给创业公司之后的发展带来非常大的阻碍和压力，作为创始人，能用钱解决的事儿，尽可能少用股份来解决。

关于留人

股权的分配的确能对团队起到稳定和团结的作用，也能让股权持有者将公司的发展和自己的发展捆绑在一起，赋予他们主人翁精神。

但是要想留住人才不能单靠股份，人才激励形式可以多样些。而且对于不同需求的人激励效果不一样。例如对于销售型人才，现金激励比股份更有意义。

关于期权

期权是一种选择权，是某人在未来某个时间以某个价格购买股票的权利。

虽然中国的公司法里没有期权一说，但还是可以变相操作。针对创业早期核心员工，可以通过预留期权池来制定激励计划，不需要分配股权。我们之前也说过，早期核心员工不是合伙人，可能更加看重短期的收入，用股权代替薪资的做法可能会起到负面的效果。

兑现和退出

一旦股权划分完了，就必须要有相应的股权兑现（Vesting）的约定，否则股权的分配就没有意义。也就是说，股权按照合伙人在公司工作的年数/月数，逐步兑现给合伙人。道理很简单，创业公司是做出来的，干了活，将公司做出来了，应该给的股权一定要给；不干活，不该给的不能给，因为回报要留给真正干活的人。

一般的做法是分 4～5 年兑现股权。比方说，工作满第一年后兑现 25%，然后可以每月兑现 2%。这种操作方法叫作分期成熟。

这是创业公司和团队的一种自我保护措施。谁也没办法保证几个创始人会一起做 5～7 年甚至更久。事实上，绝大多数情况是某个（些）创始人由于各种原因会中途离开。我们不想看到的情景是，2 个创始人辛苦了 5 年，终于做出了成绩，而另一个干了 3 周就离开的创始人，5 年后回来说公司有 25% 是属于他的。

除了兑现之外，制定一个合理的退出机制也是很有必要的，具体回购价格的确定，需要分析公司具体的商业模式，既让退出的合伙人可以分享企业成长收益，又不能让公司有过大的现金流压力，还要预留一定的调整空间和灵活性。股权兑现和退出的机制其实是一种对冲合伙人（退出）风险的机制，所以找到合适的人是关键。

公平原则

股权分配是基于共同创始人的一个评估体系，包含了对人的判断、公司的规划和其他方面的考虑。所谓公平的含义在这里是指：给合适的人以合适的股权。

知乎的联合创始人、COO 黄继新提过，在共同创始人之间，影响股权分配比例的主要因素包括以下几点：

经验和资历的丰富度。设想一下：有着 10 年从业经验、有过创业背景的 A 和只在大公司工作了 4 年的 B 共同创业，他们的股权分配一定有所不同。

对公司未来成长的贡献。设想一下：在一个偏渠道运营、技术门槛不高的互联网领域，有商务推广背景的 A 和有技术背景的 B 共同创业，孰重孰轻？

获取资源的能力。设想一下：与大量业内优秀人才交好、熟悉产业上下游各环节、容易获得风投机构信任的 A，和一直埋头苦干、鲜少抬头看路的 B 共同创业，应如何给他们分配股权？

对产品 / 用户 / 市场的精通和了解。设想一下：如果在一个做互联网消费级产品的公司，有在腾讯 4 年的负责核心产品运营经验的 A，和有在外包公司 6 年项目管理经验的 B 共同创业，应如何给他们分配股权？

热情、专注、坚定的程度。设想一下：疯狂地花时间去思考、研究、打磨、优化产品，即使全世界的人都怀疑他，也会坚持下去的 A，和想法不多但容易被鼓动、执行力超强的 B 共同创业，应如何分配股权？

人格魅力、领导力。设想一下：A 和 B 共同创业，谁更能吸引人才加入、鼓动团队的士气、给大家持续注入愿景和理想，即使在最艰苦的时候也能保持团队的凝聚力？

参考分配方法

下面，我以个人的经验，给出两个较为实际的未融资的早期团队股权结构，供大家参考。

1. CEO 带头大哥型

CEO 占 60% 的股份，其他联合创始人占 30% 的股份，剩下的 10% 股份投入员工期权池，由 CEO 暂时代持。

2. 两兄弟搭伙型

CEO 占 40% 的股份，联合创始人占 30% 的股份，小合伙人占 10% 的股份，剩下 20% 的股份作为员工期权池，由 CEO 暂时代持。

以上两个股权结构，不一定适用于每家公司，但却是相对普适的分配方法。如果没有特别的想法，按这个比例大概去分配，然后在细节上加以调整，通常都能适用。

最后有个提醒：分配股份，千万要慎重！

股权分配的核心：找对人

股权分配需要考虑到方方面面的情况：CEO 的实际控制权、合伙人的利益、员工的激励、股东的权益、融资的节奏和公司的长久发展。作为创始人，在分配股权时，特别是在早期，一定要谨慎，并且要想好分配的规则和之后的规划，千万不能由着性子来，今天是一出，

明天又换一出。创业者都是正儿八经地付出自己的全部投身创业，万不能因为股权分配上的问题，破坏了创业的根基。

所以说，股权分不好，老板关门早！

初创公司如何发放期权

几个创始人分配好了股权，做好了产品小样，拿到了天使投资，接下来就要招兵买马了。各路豪杰抛弃原来的高薪厚禄，苦哈哈地来创业，图什么？不就图个远大前程吗？可远大前程不能停留在嘴上和理想上，得落实。财散人聚，财聚人散，这时候如何落实呢？一个常用方法就是分期权。

一个大的公司层面的问题就是如何对员工进行激励，一方面是骨干员工的激励，另一方面是对新引进的高层次员工的激励。这两者都绕不开期权。

但是大部分人对期权、股权、原始股是没有概念的，或者说是概念模糊的，可能偶尔听别人说起过，或在书里看到过，但并没有具体操作经验。因此，让我们一起来聊聊期权。

这里引用创新工场首席法务官林莺对一些基本概念的阐述，仅供参考。

"原始股"不是一个法律概念，很多人在买拟上市公司在上市前发行的股份时，会将之称为原始股，因为这个股份的价格没有体现二级市场流通性所赋予其的增值，定价基础很"原始"。总之，股权（有限责任公司）、股份（股份有限公司）都是股东基于股东资格而享有的一种所有者权利（为了回答简便，暂且都叫股权）。简单地说，拿到股权，说明你已经是公司的股东了。

"期权"是一种权利，是公司授予激励对象在未来一定期限内以预先确定的价格和条件购买本公司一定数量股份的权利，这个权利可能会在公司上市后行使，也可能会在上市前行使。简单地说，拿到期权表明，其只是可能会成为公司的股东。

将"原始股"与"期权"相对起来说，我猜想，提问者其实是想知道（不知道猜得对不对）：（1）创业者应该直接拿已经发放的股权还是拿未来可能拿到股权的权利；（2）创业者应该拿到的是上市前的股权还是上市后的股权。

给员工股权还是期权，主要看对他们的激励效果。我在实践中看到两种情况都有，对于非常非常重要的员工，如果给他们期权，很难使他们产生很强的归属感和忠诚度，所以，不少公司都会考虑给他们股权。

对于相对重要的员工，一般公司喜欢给他们期权，让他们了解到，是否能真正成为公司的股东，还要看今后的努力和业绩。

说完了概念，接下来就涉及期权的发放问题。这方面可以看看知乎联合创始人、COO 黄继新的回答。

给多少？

有的时候，公司会在入职前或者入职的时候就有一个股份数的承诺。更多的时候，公司不会在入职时直接承诺股份数，但会承诺，在入职一段时间（比如半年）之后，根据工作业绩和表现，来决定实际发放的股份数。

什么时候给？

确定了发放的股份数之后，公司要和员工签订员工持股合同或者员工期权合同。创业公司搭建团队的时间点常常会早于公司正式设立的时间点，因为只有拥有正式的公司法人资格后，公司才能和员工签订这些合同，所以会有很多口头承诺的出现。

按什么价格给？

期权不是股票，期权是合同，是员工到了一定时候，有权按照双方约定的价格，购买双方约定的股份数。

因此，公司可以随意制定这个价格，一般来说，A 轮融资之前给的价格都非常低。但若是在 A 轮融资之后再发放，不管是给新员工期权，还是给老员工增加期权，价格都要与公司当时的每股估值有一个对应关系。

对于创业团队成员来说，如果期权的行权价极低，可以不用在乎期权和股票的区别。因为对公司来说，股票给出去比较麻烦，公司未来发展道路中可能会因此遇到很多不可预期的障碍，因此创业公司都会倾向于给期权，而非股票。而对团队成员来说，如果行权价几乎为零，那么也要理解公司的这种考虑。毕竟如果公司未来遇到了障碍，也

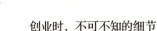

是大家的障碍。

怎么给?

Vesting（行权周期）：期权一般是分期发放的，这就是常说的vesting。业内通常的做法，是分成四年来发放，每月一次，也就是说，自合同规定的计算起始日开始，每工作满一个月，期权就到手 1/48。

计算起始日：不管是一入职就确定股份数的，还是过了半年才确定，对于创始团队成员来说，第一次给期权，计算的起始日期一般来说是公司和员工商定后双方都接受的日期，有的公司是从入职日起算，有的公司是按照统一的日期起算，具体情况要看公司董事会的决议。如果是第二次发放期权，计算的起始日就由公司来决定了。

Cliff（锁定期）：由于员工进入公司后，有可能会发现彼此并不合适，但员工只工作了很短的时间就离开公司却还能拿到期权，这对创业公司是不公平的，因此会设立一个底线，英文称为 cliff。如果是四年期的 vesting，那么 cliff 一般是一年，也就是说，员工入职一年之内不兑现期权，如果一年之内离开，就没有期权。满一年后，一次性获得 1/4 的承诺期权数，之后每满一个月，就到手 1/48。

怎么算"到手"?

Vested（行权）：所谓"到手"，也就是兑现，英文称 vested，即算到你头上的期权数。但这并不是直接打几张小条给你，而是说，根据员工持股合同，你有权去购买的股数。这个权利会一直有效，直到你不再为公司提供服务，比如离职。

行权期限：公司一般会规定，员工在离职之后多长时间内，必须决定是否行使这个购买的权利，通常会设定为 180 天，也就是说，如果你到手了 1 万股，离职后 180 天内必须决定是否要行权，也就是根据合同规定的价格购买这部分到手的期权数（或者待了一年，到手了 1/4 的期权数；或者待满了四年，全部到手）。不过在国内，目前的外汇管理相关规定是不接受返程投资①公司的员工在上市前行权的。

实例

1 月 1 日，我加入一家公司，公司承诺有期权，过了半年再决定具体的股份数，计算起始日另行商定。

7 月 1 日，公司说，给我 48000 股期权。签订了分期四年发放、一年 cliff、行权价为 0.01 元的合同，起始日为当日。

第二年 7 月 1 日，我到手 12000 股期权。

第二年 8 月 1 日，我又多到手 1000 股期权，之后每月皆到手 1000 股。

第三年 1 月 1 日，我总共到手 18000 股期权。

第三年 1 月 2 日，我离职。在 180 天之内，我必须决定是否要花 180 元购买已到手的这 18000 股期权。

---

① 返程投资：是指境内居民通过特殊目的公司对境内开展的直接投资活动。——编者注

如何制作商业计划书

在创业者因为融资需要约见投资人之前，很多投资人都会对创业者说："把你们的 BP 发过来看下。"这里提到的 BP，指的就是商业计划书（Business Plan）。

商业计划书，书面的意思是公司、企业或者项目单位根据一定的格式和内容要求编辑整理而成的，向受众展示公司和项目目前状况、未来发展潜力的书面材料。

对于大多数创业公司来讲，商业计划书是融资必备的敲门砖，而商业计划书没有特定的模板，每个公司都需要思考自己的商业模式，然后根据自身的特点创作自己的商业计划书。

事情只有想得清，才能做得清。一份经过琢磨的商业计划书，不仅仅是对投资人的尊重，更是对自我创业初衷的肯定。商业计划书更有利于交流，能够让投资人对你的项目有一定的了解，令后续的交流更高效。

1. 商业计划书的内容

一般来讲，商业计划书需要包含以下几点内容。

（1）项目基本介绍

描述项目定位，用尽量简洁的话介绍"我们是谁"。

（2）行业分析

描述项目所处行业规模及增速，阐述行业痛点。行业痛点不仅仅是罗列问题，更需要表现要如何解决问题，点明公司在行业中的切入点。

（3）竞争格局

找出项目的竞争对手，这里对竞争对手要有准确的定位和深刻的了解，简要列出它们的优缺点，并罗列出自身项目的优点。通过对比，使自身项目更清晰。

（4）产品介绍

介绍产品形态及核心功能。

（5）盈利模式

主要展示自己的核心商业模式和盈利模式，最好能用逻辑图或思维图展示。

（6）运营数据

主要列明一些项目运营数据，例如电商类项目，主要列明交易量、用户数、复购率等等。

（7）发展计划

列出近一年的目标，最好也写一下如何实现目标的具体规划。

（8）团队介绍

介绍团队中最主要的几个成员，写明他们的从业经验。

（9）融资计划

写明需要的资金和大致的资金用途。

在以上商业计划书的内容中，最核心的是盈利模式这一部分，这是创始人对项目的思考。这部分内容，展示了创始人对行业的理解、对项目的理解以及对项目在行业中所处位置的理解。而整个商业计划书，其实最重要的是在回答一个问题：为什么是你？你需要把你对行业有别于其他人的理解展现出来。

彼得·蒂尔在《从0到1》一书里写道，他会在面试应聘者的时候问这么一个问题："在什么重要问题上你与其他人有不同的看法？"只有在行业中有自己独特的思考，才有可能完成"从0到1"的飞跃。在商业计划书中，需要把这点解释清楚，同时，讲明白你们与之相匹配的能力。

2. 商业计划书写作要点

在写商业计划书的时候，有以下几个要点：

（1）千万不要去网上抄一个商业计划书，或者找别人照猫画虎代写。

很多人写商业计划书都是从网上搜一个标准的模板，改几个数据就发给投资人了，但是这种行为是非常不正确的。一来这是对投资人的不尊重；二来商业计划书应该是一个好的故事，必须有它自己独特的叙述思路和呈现方法，不同公司有不同的特点，因此一味地套用并不可取。

（2）尽量言简意赅。商业计划书尽量控制在 20 页以内，切记不要使用描述性的语言，把关键词写出来即可。

（3）用好数字和图表。投资人非常关注数字和图表，尽量把运营数据写出来，以图表的形式展现。商业模式和盈利模式部分，也尽量用流程图或逻辑图展示。

（4）忌夸张。很多商业计划书上会写目前市场上共有多少用户，如果每个人都使用我们的产品，我们就有多少用户，等等；或者预计明年收入 100 万元，后年收入 1000 万元，第三年上市，等等。这些都是没有依据和逻辑的，在投资人看来毫无意义。

创始人整理商业计划书的过程，也是一个自己复盘和自我认知的过程。它能强迫你检查关于公司运作的构思是否真的行得通；能让你去认真研究竞争对手，知己知彼；能让你对行业有更清晰的认知，无论是行业规模，还是公司所处产业链定位及上下游的供应链关系。商业计划书，也能使自己对公司有一定期限的目标，对照判断公司发展是否处于正确的节奏。

总而言之，一份经过思考、仔细琢磨出来的商业计划书，不仅能够完善创业想法，还能帮你跟投资人之间初步建立起联系和交流。商业计划书，值得创业公司格外重视。

第一次融资，要不要找财务顾问

近年来初创公司融资很不容易，很多创业者就寄希望于财务顾问（Finance Consultant，FA），希望他们帮助自己融资，当然还有一些人不知道财务顾问是什么。那么，初创公司要不要找财务顾问？

财务顾问的价值

作为一个初创公司的创始人，企业是你自己的，每一个决定都是你做的，合理评估自己的需求是判断第一次融资是否需要 FA 的前提。你要明白财务顾问是做什么的，有什么价值。

桔子酒店 CEO 吴海曾经这样描述财务顾问："FA 其实自己没钱、但是因为他们的专业性，认识的 VC、PE（Private Equity，私募股权投置）和投行的人多，他们能帮助你从外面找钱。"

这句话说得很通俗直白，但是也点出了财务顾问的几个主要价值：

（1）帮你梳理融资的逻辑；

（2）帮你对接合适的投资人和机构；

（3）帮你全局协调从面谈到协议交割的所有流程。

普通的财务顾问通过信息不对称和广撒网来赚钱，而好的财务顾问靠服务和信用来树立品牌。

在我看来，好的、靠谱的财务顾问更像是一门手艺活，硬本领、态度和软技能（soft skill）缺一不可，那到底如何判断财务顾问是否靠谱呢？我觉得有以下几个方面：

第一，专业。

（1）从融资启动伊始，财务顾问应具备每个环节最起码的技能，如修改商业计划书、搭财务模型、看投资意向书、算股权结构表（cap table）等，虽然相比于中后期融资或者是并购业务，早期财务顾问对财务和金融范畴的要求不是特别高，但是至少也得做到术业有专攻，毕竟创业者付费，提供专业可靠的服务是必需的。

（2）除了业务素质要过硬之外，如何安排路演的对象、顺序，以及注意到一些禁忌，也是非常体现财务顾问专业程度的细节。首先财务顾问得知道将项目推荐给哪些投资机构，哪些机构对项目所属行业有持续关注，哪些投资机构已经投了竞争对手所以不能推荐（赛道布局除外），哪些投资机构为非重点关注对象。其次，专业的财务顾问可以先安排排名较后的重点投资机构交流，以做演练。最后，财务顾问在交流、路演的时间和地点安排上也很重要，特别是对于外地的创业者来说，如何高效地在尽量短的时间内完成更多的交流会谈，财务顾问一定要规划好时间，以避免交通拥堵造成的时间浪费和规划不善导致的来回奔波等问题。

第二，用心、高情商。

财务顾问这门手艺活，不仅能力要配得上，还需要在态度上用心，全方位地为创业者考虑，随时帮助创业者应对各种突发状况。不少相熟的优秀财务顾问告诉我，他们经常因为创业者的一个电话或是微信，半夜爬起来联系各路人马或是协助修改文档，就是为了帮助创业者争分夺秒，"有时候，（我是）发自内心地喜欢这个行业，帮助这些创业者融到钱，自己也很有成就感"。我想这样的态度便可以称得上用心了。

财务顾问的情商具体体现在对创业者的心理按摩以及与投资机构的协商和沟通两方面，算是需要"左右逢源"的活儿。早期融资，特别是初次融资，一般会遇到不少问题，时间周期不会太短，平均在3个月左右。这个时候，如何帮助创业者稳定好心态，鼓励其斗志，安抚其情绪，是财务顾问必须时刻关注的。财务顾问行业的从业者以女性居多，也和这一项工作内容有关。对于投资人这群"衣食父母"，除了长期的关系运营之外，在具体项目上，财务顾问要通过合理的沟通来判断投资机构内部的决策进度和对创业公司价值的态度，以便帮助创业者掌控融资的节奏，避免其陷入过度被动的状态。

第三，懂资本市场、懂行业。

大型财务顾问机构工作者会根据行业进行分组，就是为了保证单个财务顾问或者顾问小团队对某个行业有着比较深入的了解，以便在提供服务时有相对更高的把握和成功率。

首先是对创业者输出有效的信息，包括行业动态和资本市场动态两个方面。财务顾问由于平时大量接触项目和投资机构，因此一定对某个行业的创业者和投资者有着基本的研究和了解，可以告诉创业者：你的可比项目是哪些，现在都已经进行到什么阶段了；现在投资机构比较关注哪些指标，原因是什么；这家机构的具体情况和优劣各是什么；等等。一个优秀的财务顾问能够将自己的信息有效地输出给创业者，而不是提供一些无用的、帮助不到创业者的东西。

其次是帮助创业者利用好资本市场的窗口期。一个成熟的财务顾问对时间和价值的平衡和把握也是非常重要的，早期资本市场风云变幻，影响市场估值评价的因素太多，所以要利用手头的信息帮助创业者来判断融资的节奏：市场高度看好，则估值积极；市场一般看好，适当调整估值；市场不看好，则需进行模式调整或尽快融资。财务顾问不仅要做创业者的过滤器（filter），还要做传感器（sensor）。

如何选择财务顾问？

了解了以上这些内容后，如果你认为项目现阶段需要财务顾问的服务，就会延伸出下一个问题：如何去判断一个人或一个机构是不是好的财务顾问？我建议大家通过以下几个方面来做出判断：

（1）询问其服务过哪些项目，并且通过自己的渠道去多方打听这个财务顾问的口碑；

（2）询问其对自己的产品和模式的理解，看其是否做过基本的功课；

（3）看其是不是能够列出一个潜在的投资人列表，项目应该推荐给哪家机构及其具体人员，为什么要推荐给他们；

（4）问清楚收费情况。一般来说，如果是成功后收费那才能陆续聊下去，如果提前收费可能是骗子；

（5）这一点要特别注意，要问一下对方有没有接触过你的竞争对手。其实财务顾问同时跟多家同类型公司交流、做过对比很正常，没有调查就没有发言权。但是对你来说，首先要确定这个财务顾问是带着什么目的来和你接触的，如果他正在为你的竞争对手服务，那可能要通过保密协议或是其他手段来避免意外情况的发生。

财务顾问的分类

目前市面上的财务顾问鱼龙混杂，对于一些不熟悉的创业者来说，显然难以挑选。在这里，我给大家做个简单的分类，并列举一些优秀的财务顾问机构。

线下路演平台：比如黑马会、飞马旅、创业邦、36kr、Demo Day、IT 桔子等，它们拥有比较成熟的线下路演经验，在各地影响力较大，对投资机构覆盖面广，也能结合自己的资源为创业者提供融资帮助（例如社群、股权众筹、媒体披露等）。

专注于企业融资的机构：比如华兴资本、易凯资本、汉能资本、汉理资本、方创资本、清科、投中等，此类机构在中后期的融资和并购中都有比较拿得出手的案子和经验，但是对于早期融资来说不一定是最好的选择。

专注于早期融资的机构：近些年，随着创业潮的兴起，一批针对早期融资的优秀机构也随之兴起，如华兴前员工创办的以太资本、专注创业者培训的"小饭桌课堂"、华兴资本旗下的华兴 Alpha 以及逐鹿 X 等，各有特点，有的以精细分工高效运作著称，有的以扎根研究垂直行业而出名，有的以创业者为用户核心来打造工具型 App，各有优势。

个人财务顾问：除了机构财务顾问之外，还存在不少业界比较知名的个人财务顾问，通过自己的资源运作来匹配投资机构和创业公司的需求，创业者身边如果有此类比较靠谱的个人财务顾问，也不失为一个好的选择。

小　结

在创业中，特别是对于早期创业者来说，时间成本极为重要，不少新型行业都看中公司的先发优势和资本的配合发力期，所以初创公司通过寻找财务顾问来提高融资效率、合理规划融资节奏，是值得尝试的。但在此还是要给创业者两点建议：其一，打铁还需自身硬，财务顾问的功效只是锦上添花，而非雪中送炭，能否成功融资的关键还是要看项目本身的竞争力；其二，一个好的财务顾问的确能带来很多附加价值，所以既然是重要且有偿的服务，各位创业者不妨多做些功课，找一个适合自己项目的财务顾问。

资本寒冬时投资人关心的新问题

以前在大家的眼里，天使投资或者风险投资，是为那些可能不是很容易落地但梦想很大的项目买单的，但最近一两年，大家渐渐发现一个现象：最近遇到的投资人越来越"现实"了。

以前面对一个互联网产品的爆款，甚至仅仅是个现象级产品，大部分投资人都会按捺不住钱袋子。不管是看上团队，还是看上模式，甚至只是跟风，好的项目总是会吸引很多投资人。但是现在，投资人关心的问题好像完全变了。

以前投资人关注的无非是以下几点，可能只要被其中某一个点打动了，就会去投资：

（1）各项基本数据，DAU（daily active user，日活跃用户数量）、MAU（monthly active users，月活跃用户数量）、各项留存；

（2）是否有流水（有更好，没有也无所谓）；

（3）方向好不好，天花板高不高，有没有打造爆款的能力，行业知名度如何；

（4）获取单个用户的成本。

然而现在，我发现投资人关注的问题确实变了：

（1）公司毛利如何？是正的还是负的？

（2）扣除订单成本以后的毛利，是正的还是负的？

（3）获客成本是多少，需要客户交易多少次，才能覆盖成本？

（4）更加关注留存——不是看一款产品一天能留下多少新用户，而是一个月能留下多少用户，甚至还要看在3个月或6个月后，还有多少用户愿意留下来。

很明显，利润、成本、用户留存这些实实在在的数据，成了投资人更关心的问题。

而且很有可能出现的情况是，即使以上数据都还不错，投资人还是不会投资。甚至即使投资人给了投资意向书，但拖几个月违约之类的事情，也经常发生。

确实，大家都更"务实"了。

大家都知道，经济是个周期循环往复的过程，潮起潮落时的风景完全不同。经济下行期所有的资产价值都将被重新评估，所有的公司价值都将被全面改写，那些投资人突然"变脸"，其实是因为资本市场的大反转行情触动了很多人的神经。

新的玩法

大反转行情起于何时呢？我们不妨想想它的表兄弟——资本寒冬，

是什么时候传入众人耳边的？持续的烧钱无果连同一些滥竽充数的项目，使行业信心在 2015 年年底到 2016 年年初被彻底伤害，延续近三年的资本上升阶段开始进入瓶颈期，移动互联网概念诱发的估值溢价也开始回调。

当投资者意识到需要踩踩刹车，做出更谨慎的决策时，他们便不再关心你的增长潜力——收入、流水，因为大多数项目都能够靠补贴，在短时间内把数据推高；他们更关心你当下的盈利能力——利润、获客成本、营销费用、团队管理成本等，总之都是一些务实的问题。

资本市场变了，创投的玩法也变了，画饼做 PPT 的公司不再吃香，真正赚钱的公司又重新受到了重视。

创业者可能会问，初创路漫漫，盈利路遥远，怎么样才能赚到钱呢？

以我的观察，赚到钱的公司有各种各样的特点，但有一个共同点，就是效率高。效率高，成本自然能够压得比较低，收入也会比较高。倒回去说，符合这样条件的公司通常有很强的团队或者有创新的产品，他们真正理解创业的元逻辑——创业其实就是做生意。

传统企业的商业模式就是靠利润，而互联网企业的商业模式是靠流量，类似 QQ、微信这种自带流量的商业模式可遇不可求，因而大部分初创公司只有回归商业本质，也就是做生意，为股东创造价值，才会得到一二级市场的认可，拿到越来越高的估值。

回归生意的本质

我们经常听到一种说法：苹果公司是因为产品易于使用和设计富于创新而闻名。事实上，真正助其登顶"全球市值最高公司"宝座的，是 iPhone 手机自 2003 年以来的销量连年增长，而且持续了整整 13 年！

反观美国另一家创新公司特斯拉。毋庸置疑，特斯拉比国内 99% 的初创公司都更具有创新精神，然而它的股价在经历了 2013—2014 年间 556% 的飙升之后，便长期在一个区间内低迷徘徊。问题在于，特斯拉 Model X 汽车交付过慢，导致全球销量既定目标无法实现，造成市场规模缩小。

市场，而且只有市场，才是衡量公司能否成功的唯一标准。还是拿特斯拉举例，一旦传统汽车制造商在新能源领域上发力，即便特斯拉拥有所谓的领先技术，也可能会被轻易超越——它那少得可怜的销量根本无法抗衡传统汽车制造商经年累月的综合实力。

由此可见，投资者在短期内会因为概念、风口而投资一家公司，但是，如果把时间跨度拉长到 5—10 年，那些投资人仍愿意为之买单的公司背后一定有更充足的产能、更优良的资产负债表和更成熟的市场经销网络。

最后，借滴滴打车投资人——金沙江创业投资基金合伙人朱啸虎的一句话做个结尾：

在中国，互联网创业是格外危险的事，随时可能死掉。今天你的项目在某一个细分领域成功了，还没来得及衣锦还乡、奔走相告呢，

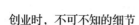

明天对手就从另一个你想不到的地方，跳出来把你灭掉了。所以说，在资本寒冬，你要努力深耕小市场、黏住你的用户、谨慎地花好手里的每一分钱。

　　只有这样，你才会有比别人更大的机会熬过来，然后再去成为优秀的公司。

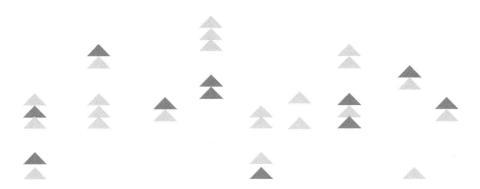

第四章

融资时，一定要避开的那些坑

早期估值知多少

关于估值

估值这个主题是创业者比较关注的，所以这一章我们先从估值说起。

在创业初期，团队在打磨产品、建立团队、验证商业模式、获取用户的同时，还有一件分外重要的事情，就是融资，而估值是直接影响融资额的重要因素。如何正确地看待估值，的确会影响一家创业公司的增长节奏及其之后的发展路径。

2015 年是中国互联网估值跌宕起伏的一年，上半年的高估值疯狂和下半年的低估值惨淡形成了强烈的对比，市场对估值的追捧和修正让很多人在估值前迷失了。在美国二级市场的中概股同样如此，例如阿里巴巴和聚美优品在 2015 年下半年的股价持续走低。

从 2015 年年底到 2016 年上半年，创业者对估值体会最深的，恐怕就是市场一下子从资本夏天跌入了资本寒冬。很多项目趁着风口融到了钱后，大规模地烧钱做推广、做扩张，然而不少项目都是复制壁垒相对低的行业，规模扩张的速度不如预期，而竞争又格外激烈，因此在遇到资本寒冬时，只能接受公司融不到钱而倒闭的结局，高估值下推动高融资额犹如一把双刃剑插进了创业者的胸膛，将他们推入了一个"估值困境"。

本篇抛开买方市场的不确定性，深度解析创业企业估值这回事，下面所讨论的情况仅限于天使阶段的估值，A轮融资之后会有更多公允的参考体系、数据和方法论，在这里不作详细的阐述。

估值障碍

早期项目在种子轮/天使轮投资时到底存在哪些估值上的障碍？

第一，市场上没有公允的价值可以参考。

第二，融资过程中的人的影响因素较多，投资人判断、融资时机、信息对称性都有比较大的不确定性，导致项目间偏差很大。

首先是投资方对行业的了解程度。"了解越深，耐心越足，胆子越大"，这句话用来描述早期投资是比较恰当的，正如当年今日资本的创始人徐新投资京东的时候，正是秉承着对电商行业的深刻理解，相信品牌和复合增长的力量，认为在那个时间节点，互联网企业就应该大步前行，所以给出了5倍的融资额。刘强东当时只想融资200万美元，而徐新一下子给了他1000万美元，也领投了之后一轮。正是这样的判断促成了今天这家市值几百亿美元的中国互联网巨头，同时也为今日资本带来超额的投资回报。

其次是融资时机。这里要分成两点来说：一个是外界因素——钱热不热；一个是内在因素——缺不缺钱。如果外界普遍看好某个行业或者是某个细分市场，那该领域的项目估值自然水涨船高。至于内在因素，则是考验创业者对融资时间的把握能力。经纬创投创始管理合伙人邵亦波在其博客中提到过，一般融资启动时间是规划钱到账的 6 个月之前，这样对估值的把控性较高，不会因为账上缺钱，而处于比较被动的位置，从而在与投资机构的谈判中对估值进行不必要的让步。

最后是信息对称性。这里可以举一个比较典型的案例帮助大家理解。某中概股上市公司拆分出的一个内部孵化的企业单独进行融资，有比较高的估值，数据也很漂亮，但其主要竞争力是有着该上市公司某广告资源几年的免费使用权。跟进的投资机构由于未能发现这个比较关键的因素，从而导致因为信息不对称而以过高的价格进行投资。早期项目因为其投资依据更加倾斜于团队背景和创始人的商业格局，对实际公司背景进行尽职调查有一定的困难，也造成了重要信息可能会出现局部不对称的情况。

X 因素

早期项目本身的一些特性，是决定估值的 X 因素。

1. 行业
热门和新兴的行业更有可能得到较高的估值。不同行业间估值体系本身就存在差别，早期项目因为要快速发展，需要的资金和资源差别比较大，导致不同行业的创业公司在融资过程中的估值有较大的差别，这是比较正常的情况。

2. 竞争程度

如果你的创业公司是行业的翘楚（top 3 甚至 top 1），在市场份额和行业地位方面有着很高的位置，那么在与投资机构的融资谈判中，对估值就有比较大的议价权。反之，如果你的公司在行业中的位置较靠后，那么在估值过程中，肯定处于比较被动的状态。

3. 类型

一般创业项目主要分成研发类和交易类两种。由于研发类项目有着比较大的不确定性（生产、设计、品控等环节众多），因此在融资过程中，创业者肯定需要留更多的余地（因为需要更多的资金），在出让股份不变的情况下，变相提高估值。相对而言，交易类项目多数希望能够快速启动，在资金到位后，在短时间内验证商业模式并形成规模效应才是关键，所以交易类项目对早期的估值和资金量相对没有那么高的要求。

4. 资源

在融资过程中，创业者肯定会面对大大小小各种类型的投资机构，有的"人傻钱多"，有的经验老到，有的资源丰富。在选择融资的过程中，考虑到项目的发展节奏和资源需求，折价拿钱，降低估值，从而选择更有利于公司发展的投资机构，也是一条路径。

其他例如创业者的素质、团队的完备程度、项目进行的阶段，也是非常重要的考量因素。

投资人立场上的几点看法

首先，投资机构或投资人必须承认，早期投资成功是一件小概率事件，能够成功退出并获得超额回报的投资，概率是非常小的。因此，对于每家机构的决策团队来说，进行风险控制，压低估值是最为直接的手段，同时，这样做也能降低投资者试错的成本。

其次，创业者在接受投资时，除了投资人出资确定的估值外，还要考虑一些非资金投入，比如投资人愿意投入的时间精力以及带来的行业资源等。早期机构的投资团队对商业模式有着比较深刻的理解和认识，也有着多样化的行业资源和经验，如果能与初创公司的需求相匹配，其所带来的潜在融资溢价是很多创业者希望看到的。

最后，估值高低对投资机构内部的项目的推动力也是不一样的，估值高必然会增加推动该项目的难度。

高估值一定好吗？首轮估值较低有哪些优势？

首先，我们必须承认，高估值的确是认可创业公司潜力的一种象征，但是在创业初期，高估值未必是一件好事。首先，高估值势必带来 KPI（Key Performance Indicator，个人绩效指标）和业绩的双重压力，过高的目标会使创业公司在高速发展中陷入迷茫，错过一些重要的转型机会。

其次，过高的估值和可能会带来业绩下滑，造成高管套现离职、核心团队带着资源或技术离职的现象。

最后，高估值会给下一轮融资方带来比较大的压力，这也是对投资的一种预期管理。据我所知，只要项目融资额在 1000 万元以上，投资团队下决策就很困难；而这个阶段能够跟进投资的都算是大机构了，融资流程会特别漫长。试想如果不能保证团队合理的融资节奏，从容地储备公司发展所需要的现金流，高估值最终将成为制约企业发展的"阿喀琉斯之踵"。

估值方法

如何对估值有比较正确的认识，估值方法也是必须学习的，以下列举了在互联网早期项目中相对比较实用的估值方法。

方法一：把股份和钱拆开来计算，比如你需要的是维持团队正常运营和公司发展 12 ～ 18 个月的资金（可能需要雇用多少人、租多少服务器、花多少钱推广、办公费用有多少），然后除以你愿意出让的股份比例，就可以简单算出公司当前的估值。公式如下：估值＝12 ～ 18 个月公司运营费用 ×（人力成本＋办公成本＋场地成本＋推广成本）/ 愿意出让的股份比例（天使轮一般是 15% ～ 20%）。

举例来说，如果公司有 12 个人，其中产品经理 2 人，商务运营 2 人，技术员 4 人，商务拓展 3 人，CEO 1 人，按照市场工资计算每月人力成本在 12 万元左右，公司场地租金每月为 1.5 万元，办公成本一次投入 10 万元，每月花销 5000 元，推广成本预计一年需要 50 万元，如果愿意出让 15% 的股份，那公司的估值为：（12 万 ×12 ＋ 1.5 万 ×12 ＋ 10 万 ＋ 0.5 万 ×12 ＋ 50 万）/15% ≈ 1520 万元（以运营 1 年计算）。

方法二：类似于方法一，但资金的估算是做到下一个里程碑事件时公司运营所需要的总资金收入。什么叫里程碑事件呢？比如谈成一个重量级的客户，做成一定规模的付费用户，打通了某个闭环的重要部分，等等。当然，我们在这里建议的里程碑事件是促成下一轮融资的关键。以达到下一个里程碑事件所需要的钱除以愿意出让的股份比例，在此估算的结果上乘以 1.5 ～ 2 倍，这样的估值是比较明智的。因为早期创业的不确定性太大，而人往往都是乐观的。

方法三：类比法，如果在早期项目中，有一些团队在某些细分行业拿到了钱，那后来进入的团队如果有对标的资源、资质或者是优势，那就可以按照差不多的估值去融资。

方法四：通过核心竞争力，比如社交类产品的活跃用户数和留存率、交易类项目的付费用户和市场资源等，结合发展的上限和市场的天花板来进行估值。这里要注意，不同市场规模的估值不能同日而语，只有对整个市场规模、资本集中度、行业可能达到的市场份额和其中的利益分配有着比较充分的认知和理解，才能帮助创业者更好地对自己的企业进行估值。

方法五：通过中概股的估值来反推。2015 年下半年，在美国上市的中概股的市值纷纷出现一定程度的回落，这也是市场在资本热潮之后对市值的一种修正。虽然股权投资是一级市场，但是根据二级市场的标的公司的市值和数据来进行判断估值，是比较有根据的。下面我们以聚美优品为例，将其作为一个细分电商行业的中概股的市值标的，以此倒推同类早期项目的估值。

虽然聚美优品在 2014 年上市时，股价达 22 美元，市值高达 38 亿美元，但经过市场对其市值的修正和调整，聚美优品现在的市值是 8.9 亿美元。我们假设平均每轮估值溢价为 3 ～ 5 倍，从天使轮到 A、B、C 轮，以及最终 IPO 上市，以此倒推，那么按照现在聚美优品的市值，其天使轮的估值应该在 300 万～ 500 万美元（见下表）。

以目前估值倒推聚美优品上市前各轮投资额

目前估值	8.9 亿美元
C 轮	2 亿～ 3 亿美元
B 轮	0.5 亿～ 1 亿美元
A 轮	2000 万～ 3000 万美元
天使轮	300 万～ 500 万美元

在对比估值的同时，还可以对比相应的市场份额和财务数据，以便对未来可能达到的营收和利润进行预估和规划（见下表）。

聚美优品 2015 年财报数据

	股价	市值
聚美优品（JMEI）	6.06 美元	8.9 亿美元
净收入	成本	净利润
113355800 美元	806704000 美元	32685000 美元

股价和市值参考：聚美 2016 年 5 月 7 日的股价，净收入、净成本、净利润等参考 Jumei Files 2015 Annual Reporton Form 20-F。

估值对于融资的影响

第一，融资讲究的是好时机，而不是过高的估值。

第二，早期项目不要过于看重估值，估值差几千万元对之后的影响不是很大。这一点，可以以 Dropbox 和 Instagram 的案例作为说明。

Dropbox 和 Instagram 一开始都是一个人的独角戏。它们的价值也都曾经超过 10 亿美元。但它们是从非常不同的估值开始的。

Dropbox 的创始人德鲁·休斯顿（Drew Houston）找到了美国著名创业孵化器 Y Combinator，在那里他用 Dropbox 5% 的股权换取了约 2 万美元的投资。当时 Dropbox 的估值是 40 万美元（投资前）。

Instagram 的创始人凯文·斯特罗姆（Kevin Systrom）找了基线风险投资公司，并用 Brbn（Instagram 的前身）20% 的股权获得了 50 万美元投资。当时 Instagram 的估价是 250 万美元。

为什么两者估值如此不同？而且更重要的是，回过头来看，它们最初的估值是否真的重要呢？

第三，不要把高估值和面子联系到一起。创业是一项持久和严肃的事业，一切都应该以助力企业快速、正确发展为重。正如创新工场合伙人汪华对早期估值的阐述：

不少时候，我们的早期投资往往从（创业公司）只有一两个人的时候开始，这样的状态与其说是融资，不如说更像是共同创业。大家是否理念相合、彼此认可，对要做的事情是不是有共同的理想和激情，

107

然后双方才能各自投入自己的资源一起做事。

　　成熟的创业者在早期更看重这些而不是估值。我们很多项目创业者，比如朝军（许朝军，点点网、啪啪创始人兼 CEO）其实可以从 VC 那里得到高得多的估值，但还是选择了我们，主要就是（因为）我们提供的价值。我的很多项目，从最早的方向策略讨论到团队建立，都是我和创业者一起参与的。

　　第四，对早期创业公司来说，估值在绝大多数时候只是一个账面的数字而已，估值的增长、后续的融资是需要企业的高速发展来背书的，所以不管是创业热潮还是资本寒冬，我们都必须坚信，正确的估值才能帮助企业成长。

　　第五，早期创业公司基本上是没有收入的，估值是未来盈利提前到现在的一种折现。好的团队、好的资源、好的产品必然会减少风险、提高估值，获得更多的融资金额，但是早期团队其实更需要的是在商业模式和商业逻辑上得到专业、有效的梳理和帮助。通过合理的融资规模和出让股权，寻找到有资源、能并肩作战的早期投资机构，才是创业者应该去努力做的。

　　刀磨好了，才能上战场，不是吗？

融资路上，有误解是难免的

年轻的时候，我们总是把自己的创作冲动误解为创作才能。

——《围城》

误解，可能是创业者和投资人之间最常见的感慨了。太多的创业者因为对投资人的一些误解——毕竟双方的语言体系还是有很多的不同，造成一些项目的融资没有能顺利推进下去，非常可惜。

所以了解一些关于风险投资的情况，以免造成一些不必要的误会或判断是很有必要的。下面我总结了一些关于创业者应该了解的 VC 机构的要点，帮助大家了解 VC 行业的特性和策略。

误解一：VC 是不是都特别有钱，为啥不来投我呀？

诚然，能成为一家早期投资基金，肯定要有一定的资金体量，具体可以在几千万元到 10 亿元人民币（或者等值美元）不等，但是请注意，早期投资不是做慈善，作为基金管理者的投资团队是要对 LP（Limited Partner，有限合伙人，通俗讲就是基金的出资人）负责的，通过"投资—项目估值增长—退出"的方式给 LP 带来超额的回报才是投资团队的职责所在。

这里也补充一个小知识，一般基金在成立三到四年后，基本上其资金就不会用来投资新的项目了，一方面是已经使用了一定数额的资金，另一方面剩下的资金需要在原有投资项目进行下一轮融资时做一些跟投，所以创业者在和投资人交流时，了解一下基金的规模和已投项目数也是非常有必要的，对于该基金"能否投资"这件事，心里要有数。

误解二：说好的投资金额，怎么变卦了？

创业者可能会碰到这样的情况：投资人和创业者在投资意向书中协商写下的投资金额和出让股份，在最后的协商中，却出现了一定的缩水。

每家基金的工作基本上都有平衡投资回报和风险管控这两个层面，所以在尽职调查或者是内部讨论过程中，可能会发现投资行为需要一些风险保护，比如找人合投、减少占股比例和投资金额、转为跟投方，这些都是管控风险的策略。当然，作为创业者来说，拿到钱舍命狂奔是关键。

至于投资机构"变卦"这回事，能给钱其实就代表投资者看好公司有做大做强的潜力。但是生意就是生意（business is business），创业者如果碰到这样的事，最好的处理方式就是在钱到账之前，不要拒绝出价和合作的可能性，要努力撮合，把融资失败的可能性降到最低。

误解三：为什么 VC 要退出?

一般来说，VC 肯定会在某个阶段退出，可能是在上市前，也可能是在上市之后。退出并不是其看空你的企业估值或是不信任创始团队，而是每家基金都有约定的回报周期和为此制定匹配的投资组合，退出是一种非常正常的行为。

误解四：VC 占股就是占便宜?

VC 对创业公司的最大助力就是提供资本的杠杆，在创业公司需要狂奔发展的时候，给予它们在市场投入、技术升级、产品优化等方面所需要的大量资金，以此置换创业公司的股份，所以这是公平的等价交换，不是让人占了便宜，而是双赢。

误解五：估值有点低，我是不是被 VC 坑了?

双方按照约定的估值完成投资打款后，作为创业者就不要再因为估值的问题，而发出被占了便宜或者中了套路之类的抱怨。上一篇文章中也说过，早期估值的高低其实对于公司之后的发展影响不大，关键是如何把公司做大做强，尽快盈利。拿了钱之后就应该专注于公司经营，斤斤计较于过去的决定，其实是在耗费未来的精力，实在是不值得。

知乎上的"楠爷"说过这么一句话，可以送给创业者们："证明你价值的不是你的融资价格，而是你做成功之后上市或者并购的时候的那个价值。"

误解六：大机构的投资人一定靠谱?

坦白说，这个真没有一个准数。大基金或者对应细分行业的基金，其靠谱程度肯定比一般基金要高，但是也不排除运气极不好碰到一个不靠谱的投资人，所以在融资前做好功课是非常必要的。当然也千万不要因为一个投资人而拉黑或过于赞誉一家基金，重要的是找到合适的投资人来交流、合作。

误解七：临时改了时间，怎么又要等到下周？

投资人都是惜时如命的工作狂，不少基金机构安排与创业者交流项目的时间都是以小时为单位的。投资人一天内要在什么时间做项目访谈，什么时间参加活动，什么时候做研究整理和内部讨论，都是有他们自己的节奏的。

投资人可能会因为一些突发情况临时调整行程安排，但是创业者千万不要因为"推迟了这周和投资人的见面，只能约到下周"而感到投资人诚意不足或是不看好你的项目，很有可能真的是因为他们的时间排得太满。在这种情况下，创业者可以将约面谈换成电联，或者主动约投资人到其上一个行程附近的地区面谈。我相信每一位合格的投资人都愿意高效利用时间，和更多的创业者交流。

误解八：谈好了资源对接，但投资人怎么不来找我？

一般可以主导投资的都是一家基金公司副总裁（VP）以上级别的管理者，他们在各行业包括之前投资的项目都有丰富的资源可以对接，在双方达成投资意向并且最终拿到投资后，作为创业者一定要主动去争取这些资源的落实。一般来说，靠谱的投资人不会推脱，但是作为创业者，应当知道投后管理也是一个非常耗费精力的事。

一个投资人需要管理所有由他主导投资项目的融资、资源对接、战略规划工作，甚至包括招聘、市场投放，不少投资人也像创业者一样，亲身参与公司的运作，为创业公司的发展贡献自己的经验和智慧。因此作为创业者，不要等着投资人来对接，而是应该主动寻求资源，最好是对整个资源对接流程有大致的构想和预期，这样才能在和投资人沟通的过程中保持更高的效率。

误解九：投资人怎么还有空经常参加活动？

很多创业者不明白，为什么投资人会花一部分宝贵的时间来参与品牌活动、项目发布会及各种论坛沙龙？主要有以下几个原因：

（1）VC 也是需要品牌建设的，例如经纬、真格这样的大牌基金，不仅投资成绩单出色，在品牌运营上也颇有建树。这点在吸引创业项目方面，是会加上印象分的。

（2）树立个人品牌。不少大机构的投资人有自己专注的行业，通过参加相关的论坛或者路演活动，发表一些高质量的演讲增加曝光度，也会在行业内提高自己的知名度。

（3）给被投公司或者同行站台，帮助其推广项目。

（4）和组织方建立良好的关系，扩大自己的项目资源。

误解十：路演质量好差，下次再也不参加了！

一般公开场合的路演，含金量都不是特别高，因为项目和投资人的质量参差不齐。而对评委来说也没有前期的充足准备，只能通过 6 ～ 8 分钟的路演展示来了解你的项目。假如"不凑巧"，你的项目脱离了他们熟悉或者擅长的领域，那么他们可能会问出一些相对比较低级或者粗浅的问题。毕竟不是每个人都能做到"不懂的不说"。有些提问可能也是为了让路演能够顺利进行下去。总的来说，现在的路演活动最大的目的是增加媒体曝光度，至于想要在现场就能遇到合适的投资机构，这种事情发生的概率太小了。

误解十一：都一个礼拜了，怎么还不确定正式的投资协议？

一般签完投资意向书之后，投资机构会对项目进行尽职调查，并由投委会决议通过，才能最终签署投资协议并打款。作为一个投资人，我完全理解创业者希望快速拿到投资的心态，但是也应站在投资人的立场上考虑一下我们的担忧。股权投资相较于二级市场，风险更大，信息趋于局部对称，而且对于未来的判断可能主要建立在对行业和对团队的判断上，所以如果不建立一套完善的投资决策流程，来确保投到符合自己逻辑的项目，一旦出错，机构将面临更大的风险，因此一切都需要按照流程来走，以避免风险。

创业者不妨多一点耐心，因为投资人不仅需要对自己的判断负责，也需要对有限合伙人负责，所以认真严谨地完成调查—讨论—研究—决策的流程是非常有必要的。

误解十二：VC 也需要品牌么？

"真格偏好海归，红杉喜欢赌赛道，IDG 投 90 后"，这是在坊间广为流传的一句话，其实也代表着大基金在品牌建设后，拥有了在创业者心中的一个专属标签。

对于一家投资基金来说，投前和投后同样重要，而扩大高效且精准的项目源是投前的核心竞争力之一。因此，不管是通过线上的微信运营（如"经纬创投"公众号），或者是发起实习项目、商业竞赛（如真格基金的 gap year 计划，x Uber 24 小时商业极限挑战赛），抑或是开展细分行业的论坛等，都是为了树立品牌形象。

当然，一些研究驱动的投资机构也会用发布研究报告或者做行业内部私密交流的形式，让行业内的专业人士和创业者认可。

总之，这些看似"不务正业"的事儿，其目的都是为了将基金的品牌树立起来，为了以后在项目源和资源上有更多、更好的选择。

早期创业，哪些钱不能拿

虽然最近处于资本寒冬，但是创业热潮依旧，创业投资变成现在所有会议和聊天都绕不开的话题。

不过，也有很多创业公司在这期间出现了问题。我最近碰到不少创业者，大多是在2015年的时候拿了所谓的天使投资，结果发现出事了，现在进退两难，焦虑得失眠。在这里，我抽象出来一个案例，供大家借鉴。

先说下背景，从2014年年底开始，以股市为代表的资本市场热闹非凡，很多公司和个人都在那段时间经历了资产飞速增长的过程，于是有很多资金流向了一级市场，也就是所谓的股权投资或者天使投资，但其实很多人并不是专业的投资者。

隔壁小王2015年第一次创业，有个传统行业老板老刘很看好小王，投资小王100万元，这个本来是好事，唯一的问题是老刘占了70%的股份。一开始小王没在意，觉得自己是初次创业，没有经验，也没有资源，有人愿意出钱，还愿意让自己占股份，觉得也不错，这个最起码比上班强。

一年以后，当小王的公司做得稍有起色，团队成员信心满满，觉得美好前程尽在掌握，准备去资本市场融资的时候，才发现这个股权结构有问题，根本不可能融到钱。于是尝试去和老刘沟通，希望其能出让股份，或者给团队股份。但沟通的结果并不理想。老刘提出一个方案，小王可以出 500 万元把这 70% 的股份买回去，其他方式都不考虑。目前，公司资金链紧张，马上就要断粮。这样的局面真是愁死小王了。

这是个很典型的例子，创业公司在开始的时候就拿了可能不该拿的钱，导致了整个项目推进都陷入一个非常被动的情况，甚至可能会导致公司的没落和倒闭。

那到底哪些钱不能拿呢？下文简单总结了一下，不一定完全，只是抛砖引玉。

第一，不平等条款。

如果在投资协议中，出现超额股份、不正常对赌、各种严厉监管等条款，要么就去和投资方进行协商，要么就要考虑这个投资方是否合适。

这种不平等条款可能会在中后期对企业产生非常致命的伤害。早期创业者必须对公司拥有彻底的控制权，才能把握公司的发展方向。

通常，早期投资占有超过 30% 的股份，对赌收入、利润，如果有委派财务等这些不平等条款，可能就需要特别当心了。

第二，借资源之名占便宜。

有些投资方可能会在投资前许诺种种资源，比如"和×××领导很熟""和某某公司CEO很熟""×××流量肯定能帮你导"等等，然后希望估值打折，甚至以极低的价格进入。

可能这些资源非常靠谱，公司非常需要这些资源，但是建议宁可在这些资源兑现之时再打折，否则一旦完成融资流程，就会处于很被动的位置。

所谓的资源，除非是这个承诺的人自己个人的资源，如果只是公司的资源，十有八九这些承诺都不太好操作。

第三，小股东的身份，大股东的权利。

有些投资方是小股东的身份，但是在公司决策、资金使用、人员任用等方面都在行使大股东权利，甚至有一票否决权。这样创业者可能就是一个类似打工者的角色，对公司而言毫无益处。

在很多投资协议里，会隐藏着很多这样的条款，再加上有些投资方就是以强势和霸道著称，可能表面上是个小股东，但因为这些条款，可能会使整个团队受到很多约束。

第四，战略意图太明显。

有些大公司甚至行业领先公司在进行一些早期投资时，经常会有非常明显的战略意图，比如不能和几个竞争对手合作，在某些业务上又必须和他们进行紧密合作。

对于这种投资，决策起来比较难，主要考虑的还是自己公司的业

务是否真的需要这么一个"干爹"。

但我觉得，在创业企业早期还是不建议引入战略投资，真的需要一些战略资源的时候，宁可用现金去购买，可能会更合算。举个例子，某知名搜索网站在投资公司时，都是签订框架协议，保证在未来的多少年带来多少流量，并将流量折价成为投资款，或者要求投出去的现金，必须有多少用来购买该搜索平台的广告。为了一些在市场上就能购买到的资源而去拿了战略投资的钱，从而使自己的公司失去了很多可能性和合作机会，是得不偿失的，过早站队会给早期创业公司带来发展上的掣肘。

第五，官僚机构。

如果是想做件大事的创业者，建议直接过滤掉它们，因为各种官僚的流程十分烦琐，非常耗费早期创业团队原本就很紧张的人力和精力。

这里还需要补充一下，不仅有些钱拿了烫手，有些投资意向书也需要经过思考和判断才能接受，否则也会有不少陷阱等着你。

第一类：项庄舞剑型。

某些机构的投资人或者入驻企业家（EIR）本身也处在一个相对机动、随时可能参与创业的状态，他们待在投资机构工作的目的就是为了寻找好的创业方向或者解决方案。他们可能会用投资意向书来获取创业者的信任，接着利用尽职调查获取创业公司的底层逻辑、核心数据、重要商业伙伴等信息，图谋复制新业务或者改进原有业务，甚至挖走联合创始人。对于这种人，创业者的确很难分辨，所以尽可能去寻找有信任背书的机构或者投资人，是规避这种情况的最好办法。

第二类：趁火打劫型。

故意使用高报价挤走对手—拖延尽调时间—压低报价的手段，让创始人错失最佳融资时机。

举个例子：对于某项目，A 机构估值报价 7000 万元，B 机构突然杀出，估值报价 1 亿元，给的投资意向书条件也十分优厚，承诺股票购买协议（SPA）签完立即打款。但是在签完投资意向书后，B 机构的尽职调查环节一直拖到了排他期结束，接着便压低报价，只给 5000 万元的估值，且 SPA 条款变得严苛很多。

一旦出现这样的情况，创业者就会非常被动，即使去寻找之前给过投资意向书的机构，对方也有可能因为投资了同赛道的公司而不会继续推进，或者因为一些其他的顾虑而犹豫，致使创业者白白浪费了最好的融资时机。最后的结局可能只能委身于这家善于在竞价环境中制造信息烟幕弹的趁火打劫型机构，价值遭到一定程度的低估。

第三类：无赖占坑型。

某些机构或投资人出投资意向书会很"随意"，可能见了创业者之后，会很快甚至当天晚上就直接发出投资意向书，而且他们给出的投资意向书条款非常简单（其本身也不具备法律效力），甚至价格都没填，只填了排他期。这也正是他们想要的东西——排他。通过排他期限制创业者与其他机构接触，这么随意的发投资意向书只是为了"占坑"而已。如果他们不喜欢，却可以随时终止投资流程。

这样的行为其实是非常不负责任且不严肃的，也被行业内人士所唾弃。当然在商言商，我们也要谨防这样的投资人，事先通过朋友或者关系网打听一下投资人的口碑，做一下功课也是有必要的。

小　结

创业初期千万不要以为，我是小创业者，有人愿意签投资意向书给钱就不错啦，哪还想得了这么多。切记，拿到正确的钱才能帮助公司在资本的催化下快速发展，所以一定要甄别是否是正确的钱，否则之后带来的一系列麻烦反而会拖累公司的发展脚步。

投资人不容易，你们不要忽悠他

有段时间，微信朋友圈被一篇《给你讲个笑话，我是 CEO》刷屏了。文章道出了很多创业公司 CEO 们的心声，所以转发的很多都是 CEO！但说实话，投资人也是非常不容易的。

前段时间和我们投资的一个公司 CEO 聊天，因为前面有几个会议耽搁了，他在一旁等了我好一会儿，会议结束后他被请进我的办公室，冲我嘿嘿一笑，说："杨总，你们做投资人真不容易啊。"

我一脸迷茫，问："为啥这么说？"

他说，"你们每天见这么多人，中间还没得停。我们在一个行业做了十几年，你们一个行业就看这么短时间，一方面得学这么多新东西，唯恐担心被落下，一方面又要提防这么多不靠谱的人来忽悠你们，太不容易了！"

本来还想狡辩一下，看他一脸真情实意地表达同情，转念一想，确实如此啊！

这件事真是越想越让人害怕。

以前见创业者，会觉得他们项目做得很好，但是介绍起来却含糊不清，真让人着急。

现在见创业者，发现他们谈起商业模式、融资退出套现等如数家珍，讲得比我还清楚，于是脑海中不停地出现一个声音：他是不是专门练过的，是不是在忽悠我啊……

其实也不能怪他们。现在的媒体和自媒体太厉害，信息传达足够充分，创业投资已经是门显学了，谁还不知道个一二三啊。

我甚至见过几个比较夸张的创业者，这里可以简单描述下我们之间的对话——

创业者：哥，我们有个新项目，看不看？

我：可以啊，看看，是什么方向的？

创业者：我知道你专注互联网金融，我们这个就是互联网金融方向的，特别好，和现在风口特别匹配……

我：（心里咯噔下）有BP吗，我先看看。

创业者：（发来一个文件）这个是BP。这个是fintech（金融科技）版本的，你先看看。我这还有几个版本——资产端版、不良资产版、风控模型版……你看看喜欢哪个版本。我们这个项目很厉害，可扩展性很强的，每个方向都可以拓展，还有几个更新的还没写，你要是感兴趣，我们也可以再做个BP给你看看（加一个大大的笑脸符号）。

我：（本来还想好好看看BP的，看到这些吐血三升，马上关了BP，勉强打出两个字）好的。

虽然现在资本行业行情不好，但是因为风口多、概念多——媒体、FA、创业者、上轮投资人，都在不断地轮番包装。

以前概念没这么多，热点变化没这么快，忽悠的人没这么多，一个小行业可以有很多创业者和投资人一起玩。

现在一个概念甚至一个行业，从开始到兴盛再到结束，也只有半年到一年时间。可能是由于参与者一下子海量涌入，过度竞争；也可能是居心不轨、假冒伪劣的项目一下子把行业水平拉低，各种情况造成获客成本高：利润率下降：行业口碑差等。

泡沫悄然堆积，避免不了也难以避免，使得绝大部分参与者都无法获益，除了 FA。

最典型的莫过于 O2O（ Online To Offline，线上线下电子商务 ）行业，最开始兴盛的时候，大家觉得这波创业公司的前景应该比团购要好一些，不说能撑三五年，好个一两年总没问题。结果从 2014 年下半年开始出现概念，部分小公司崛起，到 2015 年年初李克强总理大喊一声"全民创业、万众创新"，以及"互联网＋"概念的兴起，整个市场都沸腾了。各路互联网行业的人马，还有传统行业的人马，都杀向了"互联网＋"的典型细分市场 O2O 行业，拿钱的拿钱，补贴的补贴，扫码的扫码，冲各种量，但就是没有创造利润。

再到 2015 年年中，几个大佬的几篇预测"资本寒冬"的文章一发出来，紧接着寒冬就来了，O2O 行业也瞬间跌到低谷，裁员、破产、清算……这个里面各种故事丰富多彩，真要展开来可以说个三天三夜。

不管是创业者还是投资人，除非有特别好的行业资源和人脉关系，大部分人的学习路径都是差不多的：先学习概念，再看媒体报道、看报告、看文章，最后是参加各种大会。

就当前百花齐放的自媒体、科技媒体的数量而言，前期学习的时间必定会是先前的数倍，入门容易，深入难。你会发现，你花了很大力气搞懂的事情，一夜之间大家似乎都懂了。

而投资人要做的更多，除了了解行业、研究公司、做各种调研，不管是真懂还是假懂，一定要能发现机会——不管别人有没有发现，也不管是不是好机会，还要见各种潜在的项目公司，最后还要决定是否掏钱投资——是否要将真金白银掏给那些很可能只是刚刚认识了几周甚至几天的 CEO 们。

一旦完成投资，那就是一条船上的伙伴了。不管原来理解得对不对，投资人都得主动或者被动地帮创业者一起讲故事，可能还要包装新概念，说服下一轮投资人来接盘……如此反复。

就像 2015 年很多机构和投资人热衷于拆 VIE（Variable Interest Entities，可变利益实体），于是出现了各种培训文章和媒体解读。到了 2016 年，资本市场一变，这个路径基本上就断了。那么之前学的那些还有用吗？不知道。操作模式可以借鉴吗？不知道。什么时候能赚这个钱呢？也不知道。

类似这样的事太多了，很多行业也是如此。就像前面说的 O2O，可能当很多人刚刚把"高频低频""供给侧""需求侧"这些基本概念弄明白，知道怎么去辨识真正的活跃和真正的交易，能够和这个市场上存在的刷单、刷流量、刷钱的公司斗智斗勇之后，却忽然发现这个行业的盛宴也差不多结束了，风口就要过了——大家都懂了，就没人再愿意击鼓传花地继续玩下去了。

然后，就没有然后了。

所以说，做投资人也不容易，还是少忽悠他们吧。

最后的最后，想说一句，作为创业者，忽悠投资人和员工也就算了，不要到最后，忽悠得连自己都信了，真觉得靠忽悠也能经营好一份事业。

投资的人很多，但不一定是投资人

当下有些早期投资人与盲目入市的中国股民毫无二致。他们依循所谓的投资真经，只要一个创业团队有"BAT"背景，项目模式与互联网概念沾边，就恨不能谈妥价码马上入股。在他们炙热的双眼中，市场无异于一台 24 小时营业且提款无上限的 ATM 机——谁进去都能提钱，桑塔纳进去帕萨特出来、帕萨特进去奥迪出来的愿望都不难实现。

有人问："你（做投资）为什么不激进一点呢？"或许，在短期内我可能没有那些激进的投资者浮盈多，但资本市场是一个高风险的市场，赢家永远是少数，"躺着赚钱"的日子从来都不会长久，要想在市场中长久生存，就必须心存敬畏。所以相比谁赚得多，我更在乎的是投资的内在逻辑。

牛熊急剧转换的 2007—2008 年其实离开还没多远，市场大幅下跌后出现反弹、上升是很正常的事情，不正常的是一夜之间所有人都变成了乐观的投资者，纷纷排队进场买股票。对此，我只能说这是可悲的市场健忘症。假设某一时刻，帕萨特进去，出来的不是奥迪而是桑塔纳甚至是奇瑞QQ，该怎么办呢？

早期创业时亦是如此。科技媒体如今热衷于报道各类情节曲折，最终却无一例外都获得投资人垂青的创业故事。如此粉饰，好似创业就是一门稳赚不赔的生意。然而2012—2013年间，资本市场遭遇寒冬，创业公司纷纷寻求被收购的窘境，大部分人可能已经忘记了。

残酷永远是资本市场的头条新闻，早期投资失败率高也是必然规律，原因就在于项目太早期了。一万个天使投资项目，或许只有百分之五能拿到A轮融资，或许只有不到千分之一能够最终套现退出，剩下的大部分都交了学费。

投资者天生甘愿交学费吗？当然不是。激进的投资者如何冒冒失失地投资，就会如何冒冒失失地募资，最终也会如何冒冒失失地退出。他们的钱有些原本属于"购房款""购车款"，有些则是向友人拍着胸脯保证有20倍回报的高息借款。

资本牛市时，项目估值再高他们也毫不迟疑，因为他们相信会有人接盘。等到市场转熊，他们痛心转眼一套房子没了、一辆车子没了，火急火燎得犹如账房先生上身，天天蹲守在创业公司查财务数据，希望赶紧脱手。

拿激进投资者的钱无异于饮鸩止渴。

我见过一个谋求二轮融资的创业者，人很聪明、项目本身也不错，只可惜在上一轮融资中，图省事拿了一个土豪房地产商的大钱，把控股权都出让了出去。刚开始，创业者还感动于土豪对其无比的信任和期待，后来慢慢发现，土豪的钱不是以投资的形式，而是以给员工发工资的形式进来的。

时值房地产由盛及衰，地产商的资金链岌岌可危，这下不光创业公司发不出工资，甚至还被要求清算先前的"投资款"，因为地产商急着把钱抽回来。事情发展到这个地步，创业者算是白干了，不仅产品开发进行不下去，眼前的财务结构也很难再引进新的投资者。这种结局，不由地让人为之扼腕。

天上从来不会掉馅饼，不必迷信投资者给钱时开出的"我有资源"的承诺，即便坐拥海量资源者如BAT，它们的投资组合也是生生死死，会失败的依然会失败。创业维艰，创业、投资其实和种地一样，要想最后能开花结果，浇水、施肥、捉虫（对于投资者来说，是投后服务）一点儿也不能偷懒。

总的来说，投资的初衷主要有两类：兴趣和钱，很多"玩票"的土豪算是前者，为了兴趣顺便赚钱，然而市场上大多数人所持有的资产远未达到一定量级，不可能任性地为了兴趣而投资，因此投资这件事仍然需要认真对待，创业者需要豪情万丈，但对于自己的手艺还是要心存敬畏。

如何回答投资人的几个标准问题

最近我投资的几个公司在做 A 轮或 B 轮融资，有顺利的也有不顺利的，但不停有新的体会，不敢独享，简单理一理和大家分享下（以下内容主要针对拿了天使轮投资、准备拿 A 轮投资的公司参考）。

一般企业融资，创始人和投资人的交流是必不可少的，但是怎么问和怎么答很有学问，在这一问一答之间就只见功力了。

创始人在问答过程中，一方面需要尽力地展示自己，但是另外一方面，也要多琢磨和判断：这个投资人是不是理想的投资人，或者说是不是一名合格的投资人。

优秀的项目在短时间内见十几个甚至几十个投资人的现象很普遍，如何在短时间内做出判断：谈话是否应该终止，还是可以继续进行呢？下面我整理了几个标准问题的问与答，给大家做参考。

问题一

投资人：给我讲讲你们这个行业吧。

普通创业者：很认真地讲述自己对行业的理解。

优秀创业者：你先和我说说这个行业吧，如果你连这个行业都不懂，我们就没啥好谈的了！

解析： 如果碰到一个对行业不太了解又不做功课的投资人，请马上结束谈话吧。因为很有可能他并不参与投资，也给不了你任何建议。即使真要投，又能指望他帮多少忙呢？让他先回去把功课补齐了再来。

问题二

投资人：你的商业模式如何？

普通创业者：抓耳挠腮地想了好几种靠谱或者不靠谱的模式。

优秀创业者：你连我这个项目怎么盈利都不知道，来找我干啥？再见！

解析： 在这个阶段（A轮或B轮）谈盈利模式和商业模式，本身就有点胡扯。如果投资人执着于此的话，那他八成是学校刚出来或者由PE新转行为VC的，建议果断结束谈话，等他想明白再考虑是否继续吧。

问题三

投资人：说说你们的竞争对手。

普通创业者：痛苦地分析着各自的好坏优劣，还想着哪些能说，哪些不能说。

优秀创业者：这个是你的工作，别来烦我！

解析： 对于行业里面项目的了解，也是一个很基础的功课，拿这个来浪费创业者的时间，于心何忍？

（以上问题和答案，半严肃半娱乐，娱乐的别当真，严肃的别不当真！）

千万别认为要和投资人建立一个敌对关系，上面的问题都是很基本和基础的问题，也是投资人应该做的必要功课和准备，如果连这些都不了解，只能说这样的投资人不靠谱。在这个基础之上，创业者和投资人才可以做一些更深入和有针对性的交流，这样双方才能都有收获。

毕竟创业者最宝贵的就是时间，应该珍惜时间。

下面总结了几个在融资中创始人的原则。

"三不见"，即三种不见的投资人：

（1）不懂行业，不做功课的不见；

（2）几年都没有进步的不见；

（3）不尊重创业者的不见。

"三快"，即三个环节要快：

（1）安排见面快；

（2）决策快；

（3）流程快。

"三不拿"，即三种不能拿的钱：

（1）协议中有对赌、回购条款；

（2）每次决策，机构方开会超过3次；

（3）协议中每个条款都要纠缠一番。

VC 机构的组织结构和利益分配

现在很多创业者和（财务顾问）一上来就要求见合伙人或者投资总监，不愿见分析师。除了分析师们需要尊重和机会之外，怎么就能断定合伙人比分析师靠谱呢？感谢那些在我刚入行时就愿意见我的创业者，更加感谢愿意接受我的投资的创业者。最近我负责的一个项目融资，一家基金的一位分析师很积极地找上来，财务顾问问我是否直接安排他与那家基金的合伙人见面，我回答说不用了，通过分析师来安排，多一些尊重和理解。

经纬中国（Matrix Partners China，也称经纬创投）的副总裁黄云刚在朋友圈发了上面这样一条信息。作为业内人士，我看了很有感触，因为这样的情况太常见了。不管是创业者还是财务顾问，都会在项目交流初期，想要直接寻找合伙人级别的对象进行交流，这种想法可以理解，但也可能存在几个误区，认为：

第一，合伙人精通任何行业；

第二，合伙人可以直接拍板投资；

第三，直接与合伙人见面可以缩短投资决策时间；

第四，与合伙人直接见面可以把不可能变成可能。

然而事实并不是这样的。一般的投资机构，都要先经过分析师或投资经理的基础研究和项目初访，再由投资总监做项目筛选和判断，最后通过合伙人组成的投委会进行决策。这样科学的方式才是一家正规投资机构的工作流程。

就如同黄云刚所说，在很多方向和具体的点上，合伙人不一定能比分析师有更深入的理解，而且很多分析师对项目融资的推动能力也非常强，并非只有合伙人才能推动项目。对于很多项目，分析师的了解比投资人更加深入。正因为更了解，他们更有意愿去推动项目，这个也是创业者应该考虑的事情。

让我们走进 VC 机构，了解下"高大上"的 VC 到底是怎么样赚钱、分钱和管理人事的，也希望能帮助创业者找到合适的推动者，与投资机构高效地交流与合作。

为什么做 VC 的人那么少？

通常情况下，一家早期机构的投资加上投后团队不会超过20人，即使像经纬中国、峰瑞资本这样相对基金规模比较大的 VC，投资团队也会控制在 50 人以内。很多人肯定想问，为什么这个行业团队都这么精简？原因如下：

第一，合伙人—总监—投资经理／分析师的人员结构对早期投资来说是比较合理的，一家 VC 专注的行业一般在 5 ～ 10 个，少的话可能只关注 2 ～ 3 个大行业，这样按照一个行业匹配 2 ～ 3 名合伙人，每个合伙人手下有 2 ～ 3 个 VP，一个 VP 带 1 ～ 2 个投资经理 / 分析师，足够覆盖全行业。这样算下来，一个投资团队的确也只需要十几个人而已。

第二，VC 所面对的早期投资本身的风险系数要远远高于二级市场，也远超 PE，其原因主要是因为投资阶段非常早，基本不能通过财务模型或是业务数据来判断公司的发展预期，所以需要一个比较深入且完整的逻辑链来对行业进行判断和分析，对团队进行评估，这个过程牵涉的人越少，才越能保证信息的传达、共享和讨论都是完整的、没有误差的、高效的。鉴于投资流程本身就分工明确，并且有投委会来进行把关，所以基本不需要两个人合作来做一件事情，"战术上单兵作战，战略上默契配合"才是一个优秀的早期投资团队应有的目标。

第三，VC 机构的目标就是给 LP（出资人）带来超额的回报，同时也通过项目的退出来给投资团队带来比较丰厚的 carry（项目分成），扁平化的小团队不仅有利于投资工作的高效进行，也能让团队相比之下收获更多的财富回报。

VC 机构的人员

顺着上一个话题，我们来讲讲 VC 机构投资团队的组成。VC 机构的组织结构是非常扁平的，主要分为合伙人、总监 /VP、投资经理 / 分析师三个职能角色。

VC 机构的合伙人，主要负责基金的资金募集（特别是创始合伙人）、品牌建设、日常管理、投委会决策、投后资源匹配等事务。一般合伙人需要满足几个条件：第一是拥有一个或几个行业的人脉和资源；第二是过往投资案例能够获得认可，也曾给 LP 带来超额回报（起码 10 倍以上）；第三是拥有比较强的资金募集能力，一家 VC 机构经过长期发展，会拥有好几支基金，投资团队需要不停地进行行业投资和布局，所以非常考验合伙人找钱的能力。当然，如果在前面两点做得足够优秀的话，无论是个人 LP 还是机构 LP，都会主动找上门来的。

总监 /VP 级别的，一般是拥有从业 3～5 年经验的投资经理 / 分析师——当然也有从其他行业"空降"过来的，但只占极少一部分，在这里不作讨论。这个群体经过 3～5 年的锻炼，拥有了主导一个项目的能力，不仅是因为在过往的基础研究、协助投资等事务中积累了经验，而且还拥有比较丰富的消息源和获取优质项目的渠道，他们是 VC 机构的中坚力量。

投资经理 / 分析师，是奋战在投资一线，以个人为单位汇报给总监 /VP 的职位。一般从事趋势判断、行业分析、项目获取、访谈安排、项目纪要、市场调研、竞争对手分析、投资报告、尽职调查、法律文件处理等工作，事无巨细，都要参与。当然，在协商条款和价格谈判中，投资经理 / 分析师的话语权可能不是非常大。

创业者在和投资机构谈判或是推进融资的过程中，都应该寻找合适的角色，比如推动项目可以找负责这个行业的总监 /VP，进入投委会流程则一定要了解清楚面对的合伙人是什么背景及其侧重点在什么地方，确认条款细则或是尽职调查资料可以找投资经理 / 分析师，等等。

VC 是怎么赚钱的?

早期投资基金生命周期主要分为四个部分：资金募集、项目投资、投后管理和退出清算。对于基金的投资团队来说，个人回报主要有两部分：一是固定的基金管理费，按照市场上的公允比例，一般是 2% ～ 5% 不等，除去办公室租金、差旅费、办公用品等日常固定开销后，剩下的就是由管理合伙人向下分配的工资和奖金；另外一部分就是我们经常说的 carry (投资项目退出后的财务收益)，一般按照 8 ∶ 2 或者 7 ∶ 3 的比例来分配，有限合伙人占大头，而普通合伙人拿小头，并按照内部约定分配给投资团队。管理费是每年的固定收入，如果想获得超额收入，还是得靠项目的回报。一般基金结算期是在 7 年左右，但也可能会有 7 + 2 的形式，延长基金的结算期。

举个例子，一支 7 年期的 3 亿元的基金，通过投资运作变成了 9 亿元，carry 分成比例是 8 ∶ 2，那么到期结算顺序是：先将 3 亿元本金回给有限合伙人，然后将 4.8 亿元的投资回报返给有限合伙人，最后的 1.2 亿元归投资团队，一般情况下由投资人向下按照不同的级别和主导项目的回报率来分配。这里面还会涉及基金是按整体分配的还是按照项目分配的，就不详细展开了。

项目的估值成长才是高回报的关键

早期投资往往都是在创业团队规模非常小，或者是产品还在雏形阶段时进入的，通过对行业和团队的交流和判断进行投资。之后如果团队进入高速发展阶段，估值上涨引入更多的投资方，即使股份占比会一再被稀释，但其价值肯定是会水涨船高的。比如一个项目，进入的时候投资 500 万元，占比 20%，估值是 2500 万元，之后经过三轮投资后 IPO（上市），股权稀释到 8%，估值上升到 15 亿元，股份价值 1.2 亿元，这里暂且不讨论中间可能产生的股份回购或者跟投的情况，只是简单计算，早期投资回报率就是 1.2/0.05 = 24 倍。

当然，只谈账面回报（IRR）的早期机构都没有实际意义，退出后的真金白银才是真正的回报。

绝大多数情况是血本无归

前面所描述的，都是项目成功后有回报的情况，但要知道，绝大多数的投资机构都是不赚钱的，因为大部分项目都是失败的。所谓失败的定义，就是项目资本回报为 0。中后期投资机构还可能通过优先清算权获得一些资产，但这也只是非常小的部分，大部分情况都是血本无归。真正能在一家 VC 待满一期基金的结算期，并且成功收益获得高额投资回报的真是少之又少。投资行业是最能体现 2/8 定律的行业——20% 的人赚走了 80% 的钱，甚至还要夸张。所以，VC 是"极少数人成功"的行业。

支持创业者反向调查

创业者在创业路上和资本打交道时，了解投资机构的利益分配模式和人事结构是非常有必要的。而知道投资机构中每个角色的利益诉求和职能，也能帮助创业者在融资过程中找到关键的团体和决策者，高效推进融资议程。

尽职调查环节的一些基本知识

尽职调查是整个投资过程中非常重要的一个环节，对于投资机构来说，整个投资的过程可以分为几个阶段：一是项目收集；二是内部的项目初审，决定是否签订投资意向书；三是尽职调查；四是投资委员会议决定是否投资；五是签订投资协议；六是打款及工商变更等。由此可以看出，在决定是否投资前的尽职调查这一环节至关重要，它在整个过程中起到了一个非常重要的作用，决定了这个项目投还是不投。

尽职调查的目的

尽职调查的目的分为三个方面：价值发现、风险发现、投资可行性的分析。

第一，价值发现。

在尽职调查环节中，投资机构不仅要去验证企业过去的财务业绩是否属实、是否有出处，更重要的是预测企业在未来的业务、财务上的数据安排，在此基础上，投资机构才会对企业进行估值。如果在尽职调查中发现了风险，那么机构就会对目标公司的估值进行调整，并得出一个符合目标公司发展的实际估值。

第二，风险发现。

为什么说尽职调查影响了投资机构最后的决策？其实很重要的一点就是，尽职调查会提前排查风险，比如说经营性的风向是否有问题、股权结构是否有瑕疵、是否有债务问题、法律上是否有保障、监管及政策方面是否有风险等，这些会在最终的交易文件中一一呈现出来，作为协议的一部分，并写明责任分担，包括违约的条款、交割的义务、交割的承诺等。有时还会在协议中列明其他的一些风险防范条款，比如目标公司得保证他所说的知识产权、商标、域名等都属实。尽职调查环节，就是需要将双方所需分担的责任做一个非常明确的分割和界定。

第三，投资可行性分析。

这一方面，需要投资机构判断一下项目是否具有可操作性，比如在后续的投资过程中是不是可行，如果说大股东有问题，这个在投资可行性上就会存在障碍。

尽职调查调查的范围

尽职调查调查的范围也分成三块：业务、财务和法务。

第一，业务方面，主要包括商业运作过程中的各种事项，如市场分析、竞争地位、客户关系、定价能力、供应链，还有监管和政策等问题。

第二，财务方面，包括企业过往的经营业绩、未来的盈利预测、现金流、营运资金、股权架构、融资架构、资本开支以及财务方面的敏感问题。这方面与一般财务审计验证真实性的目的有点不太一样，做财务方面的尽职调查，主要目的是评估企业存在的财务风险及投资价值，因此会更多地借助一些趋势分析、结构分析类的分析工具。

第三，法务方面。这方面投资方一般都会请专门的律师事务所或者在这方面比较有经验的律师来进行调查。律师会要求创业公司提供一些法律文件，包括股权架构、公司治理结构、房屋产权、固定资产所有权及税收、抵押担保、诉讼、产权雇佣关系、社保之类等很多可能跟法律相关的文件，主要是帮助投资机构评估企业资产的合规性和潜在的法律风险。

尽职调查一般的操作过程是：先制订一个计划，然后收集材料，起草一个报告，内部审核，最后整理成文，这个需要财务、法务等同时进行。参与者有时是投资机构自己的团队，有时还需要一些外部团队来共同参与。

调查的方式方法也较为多样，包括一些文件的审阅、访谈、电话、邮件及现场调查、内部沟通，还有一些比较个人的方式，最终形成报告，作为投资委员会决策的一个参考依据。

以上是尽职调查比较全面的过程，但具体的操作过程可能没有这么复杂。一些相对早期的项目，在财务、法务及业务上面没有太多需要调查的内容，这个时候最重要的就是双方诚实守信，进行平等的沟通，创业者千万不要去作假。如果创业者已经和一个投资机构进入到了尽职调查这一环节，我会恭喜他，并建议其积极配合，把自己比较真实的一面展现出来，也可以提前做一些准备，让尽职调查顺利完成。

如何看待对赌条款

对赌条款，又称估值调整机制（Adjustment Valuation Mechanism，AVM），即投资人和创始股东之间以目标公司的经营业绩目标实现或者其他商业条件（例如研发进度、与合格上市有关的阶段性任务）是否达成作为对赌的对象，对目标公司的融资前估值进行调整。

调整估值的目的是为了重新计算投资人既有投资额所对应的目标公司股权比例，进而重新确定投资人应持有的股份数额，若调整后目标公司估值降低，则投资人可获得更多的股份；若调整后目标公司估值有所提高，则投资人应减少相应的股份数额。由于结果是不确定的，与赌博有一些相似之处，因此这种做法被形象地称为"对赌"。对赌中，双方赌的是目标企业未来一定时期的经营业绩，而筹码则是双方各自所持有的股权。对赌一方面是为了保护投资人的利益，减少投资人因在投资时与创始股东之间的信息不对称而可能导致的商业风险；另一方面，对赌也是投资人对创始股东和管理层的一种正向激励和反向约束机制。但是，对赌条款的存在同时也反映出投资人对所投资项目的信心不足。一旦触发，对投融资双方来说可能是双输局面。

　　对赌是国外投资者在投资中运用得非常普遍的一种投资方式。近年来，对赌这种投资方式在中国市场也被频频使用。据中华股权投资协会 2014 年发布的《中国式"估值调整机制"现状、风险和最佳实践》报告显示，近年来国内使用对赌协议十分普遍，其中人民币基金 100% 使用对赌协议。此外，40% 的 VC/PE 基金使用对赌协议项目占全部投资组合项目的 50%。

　　国内企业采用对赌条款时，最主要采用的是财务绩效条款，而且一般以单一的净利润为标尺，以股权为基本筹码，区别只是条款的具体设计不同。

　　在实践中，对赌条款的表现形式主要有现金补偿、股份调整或回购等。

　　现金补偿条款是最常见的对赌形式。当融资企业未能实现约定的业绩指标时，企业给予投资方一定的现金补偿，但无须再调整双方之间的股权比例。若达成业绩指标，则由投资方用现金方式奖励给融资企业或实际控制人。

　　股权调整条款也是较为常见的对赌形式。主要约定为：当融资企业未能实现约定的业绩指标时，企业实际控制人同意投资方低价增资，或者投资方无偿或低价受让（转让）实际控制人持有的部分融资企业股权。反之，则将由投资方无偿或者低价将一部分股权转让给融资企业实际控制人。这种形式有时甚至涉及企业实际控制权的转移。

　　股权回购条款。这种方式主要约定：当企业未能实现约定的业绩指标时，融资企业或其实际控制人将以投资方投资款加固定回报的价格回购投资方持有的融资企业的全部股份。

股权或现金激励条款是一种综合形式。主要约定：当企业实现了约定指标时，投资方将以无偿或者低价形式转让一部分股权给企业管理层，或者以现金形式奖励管理层。

特殊股权条款主要约定：当企业未能实现约定的业绩指标时，投资方的股权将转变为特殊股权，如股权转变为优先股，享受股利优先分配权、剩余财产优先分配权；或者股权拥有特殊的表决权利，如董事会一票否决权、超比例表决权等。

近年来，对赌条款的内容也不断呈现多样化特征，从"赌业绩"扩展到"赌人"，由以往的对业绩、用户量等指标的对赌转向更广泛的如对创业者本身的锁定，以降低投资机构在投资早期项目的风险。如投资人会与创业者之间进行约定，项目如果失败了，未来创业者若有新的项目，可以允许投资者将前期投资转化成新项目的权益或优先投资。

创业企业与投资方签订对赌条款时要慎重。确实需要签署对赌条款时，要特别注意以下几点：

第一，无论是用现金补偿还是股权调整的补偿方式，要约定清晰计算的方式。

第二，对赌业绩时，要量力而行，一定不要为了吸引投资而许诺一些高于现实能力的业绩目标。

第三，协议要在股东之间签署，不要有侵害公司和债权人利益的条款。

第四，寻求专业律师的帮助。

协议中回购、清算条款如何谈

风险投资最终一定是要实现对投资项目的退出，尽力获得理想的资本套现，以便能给有限合伙人要求的回报。通常而言，风险投资的退出渠道一般有5种：（1）首次公开发行股票；（2）公司被并购；（3）股份出售；（4）股份回购；（5）公司清算。

公司能够IPO当然是皆大欢喜的结果，风险投资机构可以在公开市场通过出售股份的方式实现资本套现退出。公司并购、股份出售及公司清算都应该算作变现事件，在这些情况下，投资机构通过清算优先权条款来约定退出回报方式。除此之外，如果公司发展得波澜不惊，没有发生变现事件，风险投资想要实现退出，就需要在前期签订股份回购条款了。现在，我们就来聊聊关于投资协议中的回购和清算条款。

回购、清算条款是什么

股份回购权（Redemption Right）就是风险投资在特定的条件下，

可以要求公司购买投资方持有的股票。一般情况下，会规定在融资的 × 年后，公司按照约定的价格分期进行股份的回购。

但基本上所有的风险投资都会选择可转换优先股的投资方式，而可转换优先股最重要的一个特性就是拥有清算优先权（Liquidation Preference）。清算优先权决定了公司在清算时蛋糕怎么分配，即资金如何优先分配给持有公司某特定系列股份的股东，然后再分配给其他股东的条款。一般情况下，在公司清算或结束业务时，A 系列优先股股东有权优先于普通股股东获得每股 N 倍于原始购买价格的回报，然后按照优先清算权的类型（无参与权、完全参与分配权、附上限参与分配权）转化成普通股来按比例分配剩余清算资金。

回购、清算条款的目的

首先，VC 会担心自己投资的公司发展得不温不火，即能够产生一定的收入，维持公司运营，但是却无法成长到估值上涨，或是让其他公司产生收购的兴趣，或是上市。在这种情况下，通过股份回购权，投资人能够获得一条有保障的退出渠道。

其次，基金是有生命周期的，如果一支基金到了清盘阶段，那么投资方肯定会通过股权回购来回收资金。

最后，让被投资企业的经营者有更多的责任和压力，激励他们努力善用投资和经营企业。

但实际上，即便有这样的规定，因为回购年限长达四五年，且回购价值不高（一般年化收益率在 10% 左右），团队不一定有钱来进行回购，而且回购代表着 VC 彻底放弃了公司，在实际操作中，回购条款被执行的概率微乎其微，但是在协议中还是有比较重要的意义。

清算条款的目的主要有：

第一，和回购条款一样，基金通过优先清算权，在企业发生变现事件时，获得回报。这点类似于有限合伙人的变现，在基金清算时，有限合伙人除了要拿走出资额之外，还要拿走盈利的 80%。而在企业清算时，VC 要拿走出资额的 N 倍的现金，还要将优先股转化成普通股后等值的资金。

第二，为了避免创业者从投资人那里不当获利，让 VC 基金蒙受损失，如果出现投资款到账后创业者关闭公司跑路的情况，优先清算权可以起到保护 VC 的作用。

第三，一般清算权至少要求 1 倍以上的出资额，所以在公司发展到退出价值超过投资人的投资额之前，创始团队是不会关闭公司的，这也是变相激励团队的一种方式。

对于 VC 来说，清算和回购条款是保护自身利益的一种方式，对于公司团队来说，这两项条款意味着职责和激励。

谈判时需要注意的地方

关于股份回购条款的谈判，一般包括 VC 行使权利的时间、回购及支付方式、回购价格、回购权激发方式等细项，团队不能盲目参照律师的范本和市场普适的条件，必须结合自己公司的发展近况和愿景对条款进行调整。除了这些，还有两点很重要：

第一，关于 VC 对回购权的使用。

如果在 VC 要求公司回购其股份时，公司没有足够的支付资金，回购权对 VC 而言就不是一个可行的变现手段。在这种情况下，VC 可能会强迫管理团队接受他们的退出要求，并可能导致企业家被迫出售公司。还有一种情况，当公司无法支付回购资金时，VC 也可能会要求获得额外的董事会席位，导致 VC 获得董事会的控制权，从而调整公司运营方向或直接出售公司。

第二，关于主动回购。

通常来说，股份回购条款是对风险投资方有利的，但是创业者也可以通过对回购权的约束进行自我保护。在条款谈判的过程中，可以对投资方进行规定，在某些特定情况下（投资方投资了竞争对手、投资者被竞争对手收购等），企业可以回购投资人的股份。

雅虎公司在 2005 年 9 月以 10 亿美元加上其中国子公司——雅虎中国，收购了阿里巴巴 39% 的股权。在购买协议中就约定，如果雅虎被其他企业收购并导致雅虎持有的阿里巴巴股权控制权发生转移，阿里巴巴将拥有对雅虎持有股份的回购权。这是因为阿里巴巴管理层担心，一家规模更大的公司（比如微软）一旦收购了雅虎，可能会顺势插手阿里巴巴的经营管理，而马云等阿里巴巴的管理者认为保持独立性和控制权对于阿里巴巴来说非常重要。

关于清算条款的谈判，一般包括清算优先权倍数、清算回报上限等细项，下面是一个具体的案例。

假设某公司的投资前估值为2000万美元，投资额为500万美元，投资人要求参与分配的清算优先权倍数为2倍，清算回报上限是4倍。

根据以上数据，投资人的股份（可转换优先股）比例为20%［500万美元/（2000万美元＋500万美元）］，优先清算额为1000万美元（500万美元的2倍），清算回报上限是2000万美元（500万美元的4倍）。

如果公司清算时的价值低于投资人的优先清算额，即1000万美元，那么投资人拿走全部款项；

如果公司清算时的价值高于1亿美元，那么投资人会将优先股转换为普通股，与普通股股东按股份比例（20%）分配清算价值，投资人获得的回报将大于2000万美元（1亿美元×20%），而不受优先股清算回报上限（2000万美元）的限制；

如果公司清算时的价值介于1000万美元至1亿美元之间，投资人先获得优先清算额（1000万美元），然后按股份比例跟普通股股东分配剩余的清算价值。此时会出现一个有趣的情况：当清算价值为600万～1000万美元时，投资人拿走优先清算额之后，剩余的清算价值为500万～900万美元，投资人按股份比例，理论上可以分配的金额为1000万～1900万美元，两项相加投资人获得的回报为2000万～2900万美元，突破了清算回报上限2000万美元了，因此，按照约定，此时投资人仍然只能获得2000万美元，多出的部分由普通股股东分配。

参考上面的案例，我们可以发现一个现象：

当投资人退出时，如果公司价值处于一定区间，则投资人的回报是固定的，而创业者的回报在该区间内会继续上升，这可能会导致双方利益不一致的情况。为了促成交易，投资方可以同意以该区间内的低价作为收购价格，而创业团队也可以获得更高的利益。

企业家也要为之后可能发生的这种利益不一致的情况做好准备。

小　结

作为公司的 CEO 或是创始团队，要了解清楚回购、清算条款的真实意义，合理谈判，不能一味接受，也不能一味拒绝。这是和资本互相博弈和学习的一个过程，也可以借此了解资本市场，毕竟企业的成长离不开资本的帮助。

（本文主要参考了桂曙光先生的风险投资协议（Term Sheet）详解系列讲座，在此表示感谢！）

拿到了投资协议后的工作

很多创业公司经过艰苦的谈判和争取，拿到期待已久的投资协议后，可能一下子就松懈了，把所有的事情都扔给了律师，觉得革命已经胜利，审核投资协议条款的事情应该是律师的职责。

这种想法是极其错误的。投资协议才是整个投资环节的开始，而且是投资环节中最重要的一环，创业者一定要非常重视，因为很多口头的条款和实际的条款在双方的理解中以及成文上会有很大的差异性，这会导致很多严重的问题。

投资协议一般包括两种：

一是股份认购协议（Share Purchase Agreement，SPA），是投资人和创业者之间关于重新配置公司股份（权）的、具有法律效力的投资协议；

二是股东协议（Shareholders Agreement，SHA），投资人和创业者之间约定股东权利和公司治理的、具有法律效力的投资协议。

首先和大家分享一个经典的"反面案例"：

仙童半导体公司（Fairchild Semiconductor）及其八位创始人，我们称之为天才八叛逆（其中包括英特尔、AMD、NCS、西格奈蒂克斯半导体的创始人）。

作为肖克利实验室的核心成员，八叛逆一手将仙童公司打造成世界第二大半导体公司。1967 年，公司的营业额更是达到了 2 亿美元。这在当时完全是个天文数字。一时间，仙童公司成了世界上最富有创造性和创新精神的企业，全球各地的精英人才纷沓而至。

但是因为在投资协议上的不谨慎和让步，其早期投资方纽约仙童摄影器材公司在公司的黄金发展期主导着公司的运营权，做出了一系列举措，包括：没收八叛逆的股权；莫名其妙地插手公司事务；把公司利润转去支持摄影器材业务；投资各种不赚钱的业务；甚至从母公司调人来替代八叛逆中的灵魂人物——诺伊斯。最终，仙童的核心创始人离开，公司也不得不面临利润下降，被收购的局面。

投资协议的签订对早期公司来说非常重要，不仅是公司估值和现金流的保证，还会影响公司管理层和股东的权利，甚至决定着未来业务战略的走向。那我们具体要关注哪几件事呢？

第一，确认关键条款。

首先要做的肯定是将投资协议的核心条款一一确认，如有修改，最好由专业的律师团队来处理。股份回购、领售权、期权池、强制随售权、股权成熟机制、限售、清算条款等基本条款在此不作详细说明，以下几个条款要特别注意：

（1）防稀释条款。该条款主要是为了防止后续融资估值低于本轮，从而过度稀释投资方股权。

条款分为完全棘轮法^①和加权平均法^②。需要注意的是，对完全棘轮法要非常谨慎，正常的融资节奏是让估值上升，但是鉴于资本市场的不稳定性和行业公司发展的不确定性，某些时段也会出现折价融资的举措，进而触发该条款，对股东的股权进行补偿，从而夸大股权比例，这样有可能对公司的运营和管理造成影响。而加权平均法是最公平的做法，根据融资金额、单价算一个平均数，得出新的融资价格，所以即使股份被稀释，稀释的比例也会低很多。

（2）小股东的"一票否决权"。给予VC一个与股份比例及董事会席位安排完全无关的"一票否决权"，属于保护性条款。该条款的行使会对公司的正常运营产生一定的干扰，创业者在针对这个条款进行谈判时，要考虑如何在这两者之间找到一个适当的平衡，并且做好对该权利的限制和适用范围的规定。

（3）跟投权。对于创业公司来说，后续跟投肯定是好事，表明投资方对于公司有足够的信心。但是在拥有多个投资方的情况下，跟投权代表着利益的博弈。特别是针对高增长的明星项目，很多机构都会在投资协议中设立pro-rata（保证该轮跟投不被稀释，维持原有股份比

---

① 完全棘轮法：如果公司后续发行的股份价格低于A轮投资人当时适用的转换价格，那么A轮投资人的实际转化价格也要降低到新的发行价格。

② 加权平均法：如果后续融资股份的发行价格低于之前约定的转换价格，那么新的转换价格就会降为A轮转换价格和后续融资发行价格的加权平均数。

例），甚至 super-rata（保证该轮跟投超过原有股份比例）。这一举措除了可以加码获得更多回报之外，更重要的是可以在之后的资方博弈中占据主动地位。所以签署该条款，也证明 VC 机构信任创业公司，希望能长远参与和投资。

第二，关于董事会的安排。

一个好的董事会不一定能创造伟大的公司，但一个糟糕的董事会一定能毁掉公司。一个合理的董事会应保持投资人、企业创始人以及外部独立董事之间合适的制衡，为企业的所有股东创造财富。

如何根据资方的实力、背景、目的来安排董事会席位是门学问，董事会的控制权会影响整个企业的生命期。对 A 轮融资来说，为了董事会的效率以及后续融资的扩容，理想的董事会人数为 3 ～ 5 人（一般为奇数），根据谈判双方的实力，来分配董事会席位。

独立董事的设置也一定要谨慎，必须关注独立董事是否和公司其他董事之间有利益关系。

第三，协调好多位投资人的利益。

对于在该轮融资之前，已经有过至少一轮融资的公司来说，必须协调好各个投资方之间的利益，明确大家的目的，单纯做财务投资的可以减少其对公司的把控权，如果更有实力和背景的机构进入，那就设立跟投权、董事（还有观察员）席位，来增加资方的信任和资源注入。千万不要讲人情，一定要以公司未来的发展预期和目标来规划。

第四，资本寒冬时期，快速推进项目。

创业不易，处于资本寒冬时，作为创业公司拿到钱真心不易。创

创业时，不可不知的细节

业者在确保自己的核心利益在投资协议中得到保证后，应尽可能快速地推进协议的签订、投资和交割。融资是加速公司发展的杠杆，拿到钱，把公司做大做强，才是创业者应该长期关注的。建议大家提前做好功课，在融资过程中聘请专业律师，协调好各方利益，尽快落袋为安！

拿了投资如何规划资金用途

作为投资者，我每天都会看不少商业计划书，一般计划书里会有个部分叫作融资规划，创业者会交代计划要融资多少，具体怎么花。细致的规划还会画表格来预测成本、收入、利润。但事实上，创业早期首次拿到钱的创业者，对如何合理花钱，规划好公司的现金，心里都有点儿没谱。在这里就和大家讲讲关于创业花钱这点事。

大部分创业者拿到了投资后，由于之前没有处理过这么多钱，可能首先都会去做这么几件事：换办公室、装修、招人、做大规模推广。诚然，资本是为了助力企业成长，但是在探讨所谓的"扩大规模、建立壁垒、花钱买时间、去卡位"的同时，我们要对资本有敬畏之心，资本的催化作用是一把双刃剑，一旦控制不好，企业现金流断裂，还谈何"规模""壁垒""时间成本"呢？

当然，如果你的公司处于资本推动型的市场，例如现在的共享单车领域，那就不在这篇文章的讨论范围，因为这个市场基本上是由大财团和大公司战略投资快速推动，从而投出一两家进行并购上市的。

作为这个领域的创业者，可能最需要做的就是大范围扩张，全力融资，早早地让大资本给你站队，这才是正确的战略。

资金规划的核心

资金规划的核心有两点：一是明确公司的战略模型；二是把握住企业的里程碑事件。

在规划资金之前，首先我们要做的应该是制定企业的大战略，即由 CEO 确定公司业务的长期愿景。围绕着公司的业务模型制定的财务计划才是有理有据的。在花钱的时候就要想清楚，比如通过补贴获取用户，补贴应该给谁？用户属性是怎么样的？考虑补贴的效率后，转化应达到什么样的效果？长期的投资回报率（ROI）怎样？行业未来几年能给我们贡献多少价值？等等。创业公司可能在短期内做不到正向的现金流，但是要明确自己是否真的抓住了时间窗口，而不是盲目地把钱花出去。如果没有想清楚这点，任何的补贴或是推广都是事倍功半的，只能造成虚假繁荣。

作为公司的 CEO，同时还得对里程碑事件有自己的把握和推测。这里的里程碑事件指的是下一轮融资的时间点，或是公司整体达到盈亏平衡的时间点。这两件事情影响到企业的生死存亡，也是财务规划的另一个核心要素。

资金规划三步走

1. 做一个 2 年的规划

不少创业者在拿到钱之后充满雄心壮志，首先一定要控制住自己的"一腔热血"，稳扎稳打做规划才是做好企业的原则。在这里我建议创业者做一个 18 ～ 24 个月的资金规划，关键项目包括人力成本、运营成本、推广成本。创业者需要了解资本市场的不稳定性，所谓的风口、热门行业可能说没就没了。试想如果你的企业遭遇资本寒冬，而公司账面上有 2 年的现金规划，你就可以完全投入到行业里，专心做业务，遇到问题有时间做转型调整。但如果账面上只有 3 个月的资金规划，真要遇到问题，那么缓冲的余地就会非常有限。

其次，规划毕竟是理性的测算，然而在实际的公司运作过程中，可能计划够用 2 年的钱，16 个月或者 18 个月就用完了，所以在资金规划上，一定不能满打满算。特别是创始团队，一定要重点关注公司的财务状况。

2. 建立 KPI 考核制度

聊完了资金规划的细则，接下来再谈谈关于花钱效果的检查和调整。这里的效果具体分为大目标和小目标，大目标是比如做到行业占有率第一，付费用户超过多少等；小目标则是在营销推广的同时，对后台的实时数据进行检测，一旦没有达到最低 KPI 标准，立马撤销或者改变方案。

这里要补充的一点是，在大规模扩张、复制模式的过程中，肯定会遇到 CEO 的管理半径出现盲区的情况，简单来说就是一年拓展 30 个城市，可能有 1/3 的城市会呈现出不可控的状态，CEO 无法很好地监控该地区的业务发展水平，可能也无法亲自解决种种问题。这种时候，公司就要制定一套绩效考核方法，奖惩有度，才能让业务扩张更有效，钱花得更实际。

3. 选择性地升级团队

能够拿到投资，就代表团队有能力将公司的业务更上一层楼，投资人也希望以此带动估值的增长。在这个阶段，我也会建议某些团队增强或是增加某个职责岗位的核心成员或合伙人。一来对公司来说，团队的升级可以带动产品、业务和资源的提升；二来对个人来说，有资本背书后，也更加容易找到牛人加入团队。

小　结

面对资本寒冬，对于创业公司来说，拿到了投资就有了粮草，在外部环境高度不确定且行业发展迅速的情况下，作为一个早期创业公司，一定得做一个全局的粮草规划。现金流是企业的生命线，作为一家公司的创始人，一定要学会把握好这件极其重要的事情，守住公司的生命线。

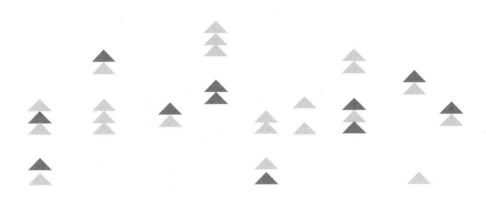

第五章

初创企业的运营

初创公司如何进行第一次 PR

最近有创业的朋友来和我聊天，很认真地问我有没有熟悉的记者，能不能写篇软文发表一下，想做一次 PR。

我很好奇，这哥们原来对 PR 漠不关心，为什么突然感兴趣了呢？他解释说，因为"隔壁老王"PR 做得好，在专业媒体上发了一篇报道自家公司的文章，引得各路投资蜂拥而来，投资意向协议都已经签了两个了。"隔壁老赵"也是，在微信公众号上发了篇题为"CEO 的自白"的文章，业务就好起来了。

原来他把写软文等同于做公关（PR），且把公关当作推动业务发展的灵丹妙药了，希望公关一次解千愁。

PR 这个词，创业者听得多，也模模糊糊有点印象，但到底什么是 PR 呢？

PR 是公共关系（Public Relation）的英文缩写，主要有以下功能：塑造形象，树立良好的企业信誉；搜集信息，为企业决策提供科学保证；调解纠纷，化解企业信任危机。PR 是一门内求团结、外求发展的经营管理科学和艺术，通过有计划地积极实施来发挥作用。

大家估计看得有点晕。简单来说，PR 就是让外界了解你的公司。这个外界可以是业界，可以是用户，也可以是投资方。所以 PR 很重要，可以让业务相关方、用户、投资方通过产品以外的另一种方式接触并了解你的公司。

确实有很多小公司因为 PR 做得好，一夜之间刷遍网络，得到一些投资方的关注，获得很多用户。例如"彪悍的人生不需要解释"的罗永浩、特别能"搞事儿"的 Uber、草根类的有"只过 1% 生活"的"伟大的安妮"等，举不胜举。

适合初创公司的公关玩法

肯定地说，不管是国内外的大公司还是小公司，都开始越来越重视 PR，不仅重视其内容，更重视其形式。所以那些寄希望于找个记者或找个平台，发篇软文就把 PR 做起来，是比较异想天开的。

创业朋友可能会问，公司还处于入不敷出的初创阶段，PR 又这么复杂，我也想做 PR，但是没有预算，怎么办？

我不是专业的 PR，只是根据过往的经验，总结了适合初创公司的以下几种玩法，仅供参考（如果因此产生各种问题，概不负责）。

1. 社会化媒体上发声

创业者即便不可能像马云那样，财大气粗地买下第一财经、21 世纪传媒，但是完全可以拥有比肩第一财经或 21 世纪传媒的微博粉丝数，借助微博、微信公众号等社会化媒体对外传播信息。具体可参考张向东在离职久邦数码创办 700Bike 之际发布的公开信——《我不想白白爱过自行车》。

对应个人的微信、公众号或者微博，公司有微信订阅号、微博认证号以及头条号，如果使用得当，它们就如同一家只发布自己公司新闻的自媒体。"饿了么"公关副总裁郭光东对此发表过感慨："特别是有了微信订阅号后，公司声明可以自我发布，而不用再仰仗其他媒体。"

2. 接受科技媒体的采访

这些连接创业者和投资人的科技媒体集中在北京、上海和深圳，包括"新经济 100 人""铅笔道"等以视频加内容的形式，专注报道初创公司的平台；"极客公园""钛媒体""虎嗅""PingWest""亿欧网"等集"内容＋创新"活动于一体的媒体机构。

当然，在接触这些科技媒体之前，初创公司要清楚自己想表达一个什么故事：我是不是行业中如此表述的第一人？我的表述与他人的差别之处是否有颠覆性？更重要的是，我将如何去实现它？应该着重强调技术优势或者创始团队背景，找到科技媒体的行业对口记者。诚恳的介绍一定会收获免费的传播。

3. 不要忽视同辈资源

初创公司大多是包容、开放的，与其单枪匹马，不如抱团 PR。反正大家都没钱，资源置换做联合推广总是可以的。据我所知，如今不少初创公司会在举行发布会时，拉拢 1 ～ 3 家其他公司作为合作机构，各取所需，比如合作机构之一的 A 企业提供微信互动支持，合作机构之一的 B 企业提供直播技术支持，办一场活动达成三家曝光的目的。

4. 借"项目路演"进行公关

从长远看，企业过多强调自己是"初创"有弊无利，而应树立一个"专家"的形象，所以选择在规模人数较少的行业讨论会，通过分享公司的商业模式，来阐述自己对行业的看法，也不失为一种以攻为守的有效公关策略。

5. 各种有趣的活动

这里所指的活动，包含但不限于新产品发布会、公众开放日、线上沟通会、线下体验日等。每一次活动都要找准一个传播诉求点，策划周全、操作严密地进行。最要紧的是周全，类似国外常说的要有"Plan B"（B 计划，指备选方案）。因为公关活动不是拍电影，无法推倒重来，每一次都是现场直播，面对大众时任何不谨慎都会造成不可逆的负面传播。

最重要的公关规划

上面这些可以说是公关的玩法和方式，创业公司除了要知道去哪里做公关之外，还要认真做公关的计划和规划。如果没有专门的公关人员或者专业的人来指导，那 CEO 或者 COO 就得亲自做。主要有以下几点需要考虑。

1. 公关的时间点

公关要选择好的时间点，比如说产品上线、获得新一轮融资、组织了个大活动、招募了业界大牛、收购或并购案完成等有纪念意义的业绩里程碑，或者是对业绩有深远影响的运营工作。

2. 公关的内容

内容的选择主要看时间点，如"产品上线"，肯定是介绍产品的内容、创新点、解决了什么问题及如何使用等。

在"获得新一轮融资"时做公关，一般都会提及领投方、跟投方、融资金额以及资金的用途等。

"组织了大活动"时，公关活动上适合谈谈活动表达的主题、活动参与方、活动过程中的亮点、活动达成的意义等。

"招募了业界大牛"时，需要谈谈大牛的背景、他/她先前做过的大项目、加入公司后将负责哪一块工作、将给公司注入怎样的活力等。

"收购或并购案完成"时，需要提及收购并购完成的时间点、发起及至完成的过程、对收购对象或者被收购对象产生的意义、其他关联方受到的影响、新公司未来的打算等。

3. 公关的对象

对象主要分为同行业、用户、媒体、投资人、政府机关等。

4. 公关的结果追踪

公关是需要追踪效果的，尤其是在初创阶段公司的公关经费并不是非常充足的情况下，更需要仔细去复盘，推敲公关的形式、内容、时间点、渠道等是否合适，下一次能否做得更好。

例如，创业者在接受了一次核心媒体采访后，可以通过舆论监测工具收集有多少家媒体也发了这篇稿子。如果数据不高，则需要反思找的媒体是否不对口，还是文章题目、表达的意思不够吸引人。做了一次线下活动后，需要对接一下来自市场部的销售数据，如果转化率不高，则应该反思活动的形式和主题是否有偏差。

公关过程中不要做的事

最后说说在公关过程中哪些是不应该做的事。在这方面，"36氪"的合伙人王壮总结得不错，在此引用一下：

不要一上来就问要给多少钱。不要提软文，不要以为媒体就是花钱办事的。

不要弄错对方媒体的名字，不要弄错记者的名字。

不要拿对方老板来压对方，说"跟你们领导都说过了"。

和媒体沟通具体事宜的时间不要太早，提前一周左右的时间就差不多了。

尽量不要给媒体特别虚的公关稿，可以给他们全面详细的资料。

不要请专业公关公司和媒体打交道，如果你不是一家非常成功的公司。

不要反复纠缠，特别纠结发不发稿这件事。一个好的沟通过程才是有效的。

不要指责媒体。经验不足的创业者最倾向于做出攻击媒体的反应。

说某人不喜欢你，说的（可能）不是事实，有所误会或者存在偏见是很常见的，当然在一些情况下也是事实。但我们的任务是扭转形势，而不是朝着媒体开枪。好的危机公关应该努力和媒体建立更深的关系，进行一些私下的交谈让他们改变看法，或是寻找其他的媒体口径来叙述你的版本的故事。要知道你的正面舆论要点在哪里，而不是去和媒体吵架，那是一场打不赢的战争。

创业不易，希望以上的内容能对创业者有所帮助。公关是把双刃剑，也希望大家认真对待这件事情。

现在得把老传统"开源节流"捡起来了

曾几何时，创业者，具体说是互联网创业者，已经习惯了大手大脚花钱，不计成本烧钱砸用户了。然而，资本寒冬一来，便哀声一片。

传统的中国生意人习惯"开源节流"，这是对生意、对现金流把控的一种理解和态度。其实创业公司也一样，基于其不可预期性，总会因为这样那样的原因而倒闭，而其中钱花光了是最大的原因。

开源节流并不过时，它在每个时代都有不同的意义和做法。

精益创业

埃里克·莱斯在《精益创业》一书中提到三个词：最小可用品（minimum viable product）、客户反馈和快速迭代，我个人非常认同，特别是针对早期创业公司来说，"小步快跑"要远比"用力大步"来得快速和有效。在创业早期，不管是产品投放还是业务开展，都建议小规模试错，然后结合反馈来更新产品和业务，等待运作成熟

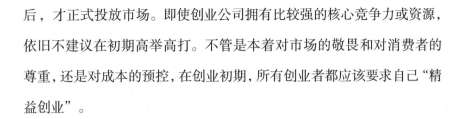

后，才正式投放市场。即使创业公司拥有比较强的核心竞争力或资源，依旧不建议在初期高举高打。不管是本着对市场的敬畏和对消费者的尊重，还是对成本的预控，在创业初期，所有创业者都应该要求自己"精益创业"。

省之有道

省钱不代表没实力，也不代表不大方，这个是前提。

早期创业融资不易，启动资金一般是合伙人自己凑的钱，或是来自种子基金。这些资金对创业者来说都是非常珍贵的，因为这代表着出资人对项目和团队的信任，所以有些省钱的地方还是要知道的。

1. 软硬件采购多找折扣

虽然要省钱，但是在采购办公用品的时候还是必须保证品质，不管是办公用品、数码产品还是虚拟用品（企业邮箱、服务器、协作软件），不仅攸关员工长期办公体验，还影响着公司产品关键功能的开发设计。如果贪图一时的廉价，影响到公司整体发展进程，那就得不偿失了。当然，在这里提醒创业者在采购的时候，也不要多花冤枉钱，现在不少电商都有企业团购通道，网上折扣信息查询起来也非常方便，不妨花点儿时间，做点儿功课。

2. 不盲目营销

营销费用是早期创业时一笔占比不小的费用，不管是 To C（对消费者）的产品推广，活动运营，还是 To B（对企业）的地面推广和培训，都需要不少预算。在大面积计划落地前，我有几点建议给创业者：
（1）产品推广前可以通过 A/B 测试或者小规模邀请制来获取用户的真实体验，进行功能反馈和漏洞测试；（2）针对地推和培训这种依靠外包团队的工作，设计一套相对完整的标准化流程和针对外包人员的考核机制，这是很重要的，可以保证效率的提升和人力成本的降低；（3）在整个推广过程中，一定要有合伙人或者核心团队成员参与，保证随时评估实际效果，如果效果不好，应随时停止。营销费用对于早期公司来说不可避免，但还是要求创业者们能将钱用在刀刃上，避免费用超支。如果花了大钱却没有达到预期的效果，这对于早期创业公司来说，可能是致命的。如果是产品型公司，建议可以使用一些病毒营销的策略；如果是业务型公司，则应该无比严格地核算营销成本，保证不盲目营销。

3. 资源置换，以物易物

互相导流在同类型但不同模式之间的互联网早期项目中是比较常见的，在双方都有一定数量的种子用户的情况下，互相推广，不仅能保证用户增长的有效性，且成本较低，对于双方来说都是比较有利的。但是需要注意的是，一定要对合作方有基本的评估和调查，否则可能存在用户流失的风险。

科学规划

公司初创时用钱的地方不少，技术团队、核心团队的薪资，房租

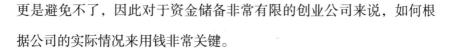

更是避免不了，因此对于资金储备非常有限的创业公司来说，如何根据公司的实际情况来用钱非常关键。

1. 技术外包

除去以产品为驱动的创业项目外，我非常建议创业公司在早期采取技术外包或者使用更"轻"的方式来满足用户的需求和体验。首先，创业初期不需要组建太过庞大的技术团队，采取技术外包加 2～3 人团队负责运维的模式，对公司业务的发展并不会有本质的影响。其次，选择一家经验丰富的外包团队，要比组建一支需要磨合的技术团队更加有效，成本更低。现在不少公司选择不开发 App，而是使用微信服务号将产品功能整合进去，也是很值得鼓励的。要尽量保证更轻的产品体验和更快的开发进度，对于早期创业来说，攻城拔寨，分秒必争。

2. 因需选地

房租对创业公司来说，的确是个无法避免的硬开销，早期创业者应该选择适合自己的办公场所，"闭门造车"型团队可以选择满足安全和交通便利需求的郊区公寓房，"业务拓展"型团队可以选择孵化器工位或者联合办公空间的独立办公室。其实不少创始人想做一些"面子工程"，租下更好的办公场所，觉得不能让自己的团队或者应聘者感觉公司过于艰苦，这也可以理解。在此给出两个建议："闭门造车"型团队可以通过用心的布置和装修以及较好的硬件设施来保证员工的办公体验，而"业务拓展"型团队本来就拥有比较齐全的设施和良好的环境，且不用一下子承担高额的装修费用，对于 10 人左右的团队，孵化器或者联合办公空间是值得尝试的。

3. 诚意薪资，辅以期权股票

人员支出一般是早期创业支出中最大的部分，这里应指出，关于团队人员支出，可以采取多样的薪资体系，控制成本，但不影响员工的积极性。比如针对技术类人员，可以参考市场公允的薪资；业务人员，可以采取底薪＋绩效奖励的弹性薪酬制度。创业核心团队对早期公司来说是非常宝贵的，应尽量保证优秀的员工少流失。而且在薪资之外，发放股票或者建立期权池也是一个留住人才的好办法。

尽早盈利

的确有一部分创业者因为对行业的理解或者其经验背景而受到投资人的追捧，公司账上现金充裕，也没有盈利的压力。但这毕竟是少数玩家，绝大多数创业者要时刻抱着"融不到下一轮钱"的危机感来运营公司，尽早地摸索出盈利模式，找到出路。当然，很多人会问，早期创业摸索盈利模式是不是会让公司发展速度降低？回答是肯定的。但创业在本质上是一门生意，生意的本质就是要盈利，如果只抱着做大做强的心，而不考虑公司的资金现状和融资前景，不也是对项目不负责的表现吗？

小　结：创业是打仗，军饷要管好

融资是向创业公司提供资本的杠杆,但杠杆的作用毕竟是有限的,合理规划资金的使用和方法，对每个创业者来说都是一门重要的课程。我们并不苛求创业者在短时间内就拥有正向的现金流，但是何时花钱，何时赚钱，何时融资，做好风险评估，每位创业者的心中都要对公司的财务状况予以明确的规划。

找到公司发展的关键点

　　最近和一些创业的朋友交流，据他们反馈，不是自己融资经验不足，就是找不到融资……总体意思就是在 PPT 展示、交流方式、项目包装之类的细节上没处理好，导致投资人有所顾虑。他们问我该如何处理这些细节，从而让投资人愿意投钱。

　　这件事说简单也简单，说复杂也复杂，但是，能决定一件事情成败的肯定不是细枝末节，而是关键点。

　　论证之前，先区分什么是细节，什么是关键点。请看下面这张流传于网络的怎样画一匹马的过程图。

① 画两个圆圈　　② 画上脚

③ 画上脸　　④ 画上毛发

⑤ 再添加其他细节
　就大功告成了!

怎样画马

图中最耐人寻味的是那句"再添加其他细节，就大功告成了"。看到这里，估计大家都要大喊一声："坑爹啊！"

其实大部分成功学或者励志故事，或者现在的"一分钟融资传奇"故事等，基本上都是采用这个套路，把成功简单总结为几个步骤：一，二，三，四，五……

但是画马的第五步学得来吗？这个"其他细节"到底有多难呢？

实际上大部分人都学不来这第五步，如果真的能学会这些细节，也就不需要看成功五步法了。

仔细一琢磨，此处所谓的"其他细节"，其实并不是轻描淡写的不重要的"细节"，而是整个事情的关键。

从小到大我们听惯了"细节决定成败"，其实决定成败的哪里是细节，决定成败的肯定是关键。

这句用词不准确的名言据说来自英国国王理查三世的经历。他打仗的时候马失前蹄栽倒在地，最终被敌人擒获，输掉了王位。究其原因，是因为铁匠给他的战马少打了个马蹄铁的铁钉，所以英国有首民谣：丢失了一个钉子，坏了一只蹄铁；坏了一只蹄铁，折了一匹战马；折了一匹战马，伤了一位骑士；伤了一位骑士，输了一场战斗；输了一场战斗，亡了一个帝国。

如果理查三世认为钉子只是细节，那么我认为他根本不懂打仗。作为一支军队的首领，武器装备如此落后，甚至要等到临战前才去做马蹄铁，无论依循哪国兵法，都会判定理查三世根本不值得赢得一场战争。

认为"细节决定成败"，其实是把成败的关键弱化成细节，或者是混淆了关键的定义；觉得一些次要因素就是关键，这就更滑稽了。

多年前微软招聘中国公司总经理的故事被讲过很多次，到现在还在网络上流传着。

该故事说，有三个人进入了微软面试的最后一轮，面试现场没有准备多余的椅子，每个应聘者进来，考官都会指着桌子前的空地，说："请坐。"前两位面试者都一脸茫然，最后选择了站着面试，而第三个人——就是著名的吴士宏，聪明地出去搬了把椅子进来。于是主考官认为此人有思想有见解，有开拓市场的能力，所以最终选择了她。

这个故事很励志，也很蒙人，不知误导了多少刚刚走上社会的年轻人。这让他们误以为找工作并不是特别难的事，靠着一点小聪明就能轻松得到大公司的好职位。

其实用脚趾头想想也知道，如果吴士宏没有人脉，没有工作经验，没有过硬的实力，微软会因为她出去搬了把椅子就录用她吗？若真是这样，才是滑天下之大稽。事实上，吴士宏在进微软之前，就已经是 IBM 中国经销渠道总经理了。当然，这个故事可能正是因为有了前面的演绎才让大家津津乐道、口口相传。

回到前面关于创业融资的话题，其实大部分靠谱的投资人就像微软的主考官一样，根本不会因为一些不重要的细节而决定投资或者不投资，那未免太草率了。创业项目真正的关键点只有一个——能不能帮助投资人在未来赚钱，其他的都是细节！

故事呢，就当成故事来听，千万别作为指导意见。需要指导意见，就得认真研究和分析什么是细节、什么是关键，并且这些细节和关键是不是起着决定性作用。

所以下次有创业者再说，他大部分都判断对了，也做对了，但最后还是失败了，就是因为几个细节没处理好。这个时候，听者除了笑一笑外，还应赶紧把这几个细节记在本子上，因为这些可能就是决定他成败的关键点，是非常值钱的经验。

初创公司 CEO 不能做的五件事

如果你是一家初创公司的 CEO，你很难从投资人那里听到"CEO 要怎么做才是正确的"这个问题的答案，这等于在问，一家初创公司如何才能获得成功——如果你能避免所有导致失败的错误，自然就会成功。

换个角度来看这个问题，也许更有意义。假如创业者有一个清单，上面列出了所有不应该做的事情，那么只需要把清单类目取反，就得到了一张创业成功的处方。正如美国 PayPal 公司创始人马克斯·莱文奇恩（Max Levchin）所说，觉察你正在做不应该做的事情，总比一直记得你应该做的事情容易些。

下面，我以一个投资人的身份，列出不希望初创公司 CEO 做的那些事：

第一，招人太随便。

招人确实很难，尤其是现在大公司都在悬赏重金四处抢人，创业公司能给别人承诺的东西，除了梦想，只有梦想。即便如此，我还是要说，初创公司 CEO 招人绝对不能将就。

一家创业公司的前 10 名员工，决定了这家公司的命运。当你希望解决一个问题的时候，其实是在寻找一个可以解决这个问题的人。因此对于初创公司而言，用人的成本比时间和机会成本更加高昂。

有些创业者为了快速搭建团队，会拉来同学、亲戚、朋友，甚至是刚认识的陌生人，一起为梦想而战，但很少考虑过他们是否真的合适，他们是否能优势互补且在创业过程中不可替代，如果回答是否定的，那一定会出问题。

招人之后有必要谈一下股权分配。初创企业 CEO 普遍会犯的错误是：没有在第一天就把股权分配约定清楚，并用白纸黑字写下来。随着时间推移，每个人都会觉得自己是项目成功必不可少的功臣，关于股权分配的讨论就会越来越难以进行，埋下了类似股权纠纷的隐患，这些事发生在"西少爷""泡面吧"等明星初创公司身上，造成了严重的后果。

第二，手无粮草。

俗话说，兵马未动，粮草先行，不管是创业者自己的积累，还是天使投资人给钱，创业都需要一笔启动资金。它们会流向设备原料、办公场地、招聘员工等所有把产品概念变成产品原型的路途上。从某种程度而言，没有启动资金的初创企业无异于一辆没有加油的赛车，永远跑不起来。

第三，方向不明。

人生最重要的是方向选择。创业也是如此。招到人、找到钱后，初创企业 CEO 还要问自己一个问题：你的创业方向是否清晰？随着产业的快速发展，产品、服务都在不断变化，如果不洞悉商业的本质，不理解大环境下行业及创业项目的运行逻辑，创业者一定会错失时机，白费功夫。

当然，关键还在于创业者的内心是否真正认同自己所做的事情。创业者切勿因为社会上在刮什么风，自己也跟风去做，例如现在的互联网金融、O2O 模式。风口之上，不是所有的猪都会被吹起，创业者做自己不擅长、不喜欢的事情，其实是对团队和投资者不负责任。

第四，忽视细节。

创业是条九死一生的荆棘路，初创企业的创始人就像一个救火队员，每件事都要操心，运营不行？自己干！市场不行？也自己干！

我有一次约一帮创业者兄弟聊天，橙牛汽车管家的 CEO 王建时也在。他嘴上说"哦哦，好的"，紧接着又跟了一句"你们先去，我晚一点到"。我问，你要干吗去？旁边人笑言，这家伙又要去居民区贴小广告了。

我当时在内心给建时竖起了大拇指。作为初创企业 CEO，自己不身先士卒，不去干最苦最累的事，如何能起到表率作用，如何能把团队士气带起来呢？

第五，创始人放不下架子。

虎嗅网创始人李岷是"接地气"的一个典型。我记得第一次去虎嗅办公室，当时虎嗅网还未上线，她和团队租下了北京四环外的一个普通的三居室办公。当我从一个挤满了人、电脑和书籍的陋室一角找到李岷时，一下子没有反应过来。曾经是中国最顶尖商业人士座上宾的媒体人（2012 年年初，李岷辞去《中国创业家》执行总编职位，创办虎嗅网），怎么一点儿也没有传统媒体某些高层领导生而为"爷"的做派？

其实，李岷在创业以后，每天很早起床，7 点就到公司办公，而那张与员工共享的办公桌，早上用于部门开会，中午就变成员工饭桌。初创企业 CEO 不一定要学习王建时贴小广告，学习李岷一桌三用，关键在于要对创业这件事情心存敬畏，对公司运营的每一个细节都十分重视——有如此勤奋、务实的 CEO，除非方向错了，否则创业怎么会不成功？

创业路上，忽略哪些问题会让你追悔莫及

创业路上，成功的经验很有价值，但更有价值的是失败的经验，特别是那些让人追悔莫及的问题。

我比较喜欢总结和整理，正所谓站在巨人的肩膀上。最近一个比较有趣的话题，就是创业路上，哪些问题没考虑到会让你追悔莫及。这是很开放式的一个话题。这篇文章，我借鉴了知乎作者"卫斯理"的一些回答，结合我自己的一些经验和所见，稍作整理，供大家参考。

（1）哥们式合伙，仇人式散伙

在公司创办之初，几个小伙伴们因为感情和义气聚在一起合伙做事，制度和股权都没有确定。待企业做大之后，利益开始惹眼，于是开始"排座次、分金银、比鞭长"，结果不是剑拔弩张内耗不止，便是梁山英雄流云四散。

（2）盲目崇拜社会关系

关系推动生产力，社会关系的建立和运用是商人必要的能力；但关系不等于生产力，把社会关系当成解决公司所有问题的灵丹妙药，

就会忘记了"打铁还须自身硬"的真理，本末倒置。

（3）迷信"空降兵"

放弃身边的人才，迷信远方的大师。

（4）企业支柱亲信化

靠人控制人，而不是靠制度控制人，以情感为纽带的关系是走向规范治理的主要瓶颈。

（5）面子大于真理

我已经告诉全世界我们明天就要开张了，你叫我先去办张卫生证？没门！

（6）知人而不自知

看人头头是道，看己昏头昏脑。说别人镜子擦不干净，对自家员工的大问题却熟视无睹。

（7）投资冒险主义

拿自己"吃饭"的钱去搞投资，所谓成败荣辱在此一举，身家性命系于一线，战战兢兢，于是不自觉地变得急功近利了。

（8）投资经验主义

在另一个时间、另一个市场、另一个行业，面对另一群员工或消费者，还是以当年的感觉进行投资、布局、生产、销售。指挥还是昨天的指挥，音乐还是相同的音乐，鸡心炒的还是原来的鸡心。

（0）人力资源幻觉

一方面永远高估员工的高度，另一方面永远低估员工的水平。

（10）过度追求系统平衡

各个部门彼此之间确实需要有保持动态的平衡。但过分看重平衡，在奖惩政策、人员提升、部门权限、业绩考核等方面一味强调"一碗水端平"，优者不奖、错者不罚，所有部门都吃大锅饭，结果所有的平衡反而荡然无存了。

（11）摸着石头过河

这年头，摸着石头过河被冲走的可能性太大了，还是站在巨人的肩膀上更保险一些，如果毫无开店经验可以先到相应餐厅就职，如果不知如何扩张，不妨先做加盟，摸熟"门道"以后再跳出自立品牌。

（12）附庸风雅

虽然跟创业没关系，附庸风雅倒是创业者最爱干的事，比如一窝蜂地打高尔夫球，一窝蜂地读 EMBA，一窝蜂地往墙上挂艺术品……一切并不是因为爱好或需求，而是因为模仿及炫耀。

（13）抬头批判"潜规则"，低头猛搞"潜规则"

从不认为自己对理想社会的到来负有身体力行的责任。

找到自己的发展节奏

巴菲特说过一句特别简单又特别深奥的话："别人贪婪时我恐惧，别人恐惧时我贪婪。"他大部分的投资操作都遵循着这一句话，看着只有短短几个字，但实践起来其实非常难。

对这句话有无数种解读，但放在创业这件事上，我认为就是要找到节奏。不是别人做什么的时候，你偏不做什么；也不是别人都不做什么的时候，你偏要做什么，这是生硬的理解和套用。我的理解是，要通过行业里其他人的做和不做，他们的恐惧和贪婪，来分析和判断时机，再决定自己什么时候该做，什么时候不该做；什么时候该恐惧，什么时候该贪婪。这就是节奏的控制。

作为一个企业来说，要控制的节奏太多了，研发、产品、品牌、运营、融资、招聘、管理、团队建设等等，每一个环节都需要控制好节奏，不能太快，不能太慢，不能提前，不能落后。

但作为创业公司的 CEO 来说，最重要的三件事是：找人、找钱、定方向，这几件事情一定要控制好节奏。掌握好这三件事的节奏，对初

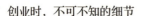

创公司的发展至关重要。

找人的节奏

　　找人之前，首先要想好公司架构的"打法"。一般有两种打法：第一种是高举高打，即刚开始就是全明星阵容，公司里每个岗位上的人都是行业里面非常资深的人士。使用这种打法最典型的案例就是小米公司。小米公司在一开始就有七大合伙人，每个合伙人都在各自的领域有非常高的建树，都能独当一面，每个人换到一般的创业公司都是 CEO 级别的人物。这种打法的好处是显而易见的——台子搭得大，发展起来非常迅猛。然而，这种方式对于 CEO 的要求就比较高，一方面要有能力聚集起这么多牛人，另外一方面要让大家齐心协力，同舟共济。要做到这两方面，是非常困难的。

　　另一种打法就是骑驴找马。刚开始找的合伙人或者员工不一定特别牛，但是基本上在当前阶段是够用的，当企业发展了有更高的要求，再引进更优秀的人才。这个是大部分创业企业采用的打法。

　　对于 CEO 来说，需要花非常多的时间去找到合适的人，但是在基本成员已经到位的情况下，也要同步启动商业模式的探索，因为有些时候商业上的机会更重要，那些机会稍纵即逝。有些战机错过了，可能就再也没有了。这方面的典型例子就是红极一时的滴滴打车。滴滴打车在刚起步的时候，那时公司的 CTO 不太合格，甚至连 App 都是外包团队做的，但是滴滴团队并没有因为这个问题而停下脚步，而是

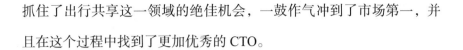

抓住了出行共享这一领域的绝佳机会，一鼓作气冲到了市场第一，并且在这个过程中找到了更加优秀的 CTO。

找钱的节奏

找钱的节奏就是融资的节奏，融资的逻辑比找人简单多了，我个人认为，只要有人愿意给钱就要认真地谈，除非是非常紧急的封闭开发阶段。

有两个常见的错误的融资节奏：

一是非得到达某个估值，不到这个估值就不融资。这个是创业者经常犯的错，总觉得别的创业公司都值这么多钱，凭什么我们就要便宜这么多？这个想法不太可取。在 IPO 之前的所有融资都是"空中加油"，远远没有到比较估值的阶段，而空中加油的机会是非常宝贵的，应该先把事情做起来，真正在行业里面开始排名战之前储备足够的资金进行战斗。

二是觉得自己手上还有钱，不需要融资。有一句话叫作"深挖洞、广积粮、缓称王"，意思就是对于战争资源的储备怎么样都不过分。作为企业来说，有好的机会融资一定要抓住。比如在 2015 年年中，资本寒冬到来之前，如果一个行业里面的一些企业不停地抓住机会融资，在资本寒冬前融到了足够多的钱，那么相比较那些没有做好准备的企业，在资本寒冬时的日子就要好过很多。

定方向的节奏

CEO 除了找人、找钱，最重要的事情就是定方向。定方向是个笼统的说法，其实就是制定公司的长期目标和短期目标。

一个初创公司不能永远活在长期目标的"鸡血"刺激下，也不能老是局限在短期目标的琐事中，这个时候 CEO 对于公司发展方向的把握就至关重要，一定要兼顾好长期目标和短期目标。

小　结

有兴趣的读者，可以观察下各个创业公司，不管成功的还是失败的，创业公司对节奏的掌握基本上决定了它们的成败。节奏控制对了不一定能成，但节奏错了，基本上都会失败。

创业者观察行业和企业应该有的发展节奏，其实就是去抓住这个行业和企业发展的脉搏。希望创业者能重视发展节奏，早日抓住行业和企业发展的脉搏。

后记　找到你身边优秀的朋友，投资他

前一段时间回老家，我的很多家乡的朋友听说我做了投资人，都会很诚恳地过来问一句："最近投资啥好？"说话间还带着一脸的忧伤。

我大概能体会出朋友们那一脸的愁容：就最近两年来说，不管是个人投资还是机构投资，都不容易做。

那些买了股票的，不用猜，多半是亏大了只能噎在肚里，买股票型基金也一样。

那些投资房子的估计也高兴不起来，说好的房价要涨的，结果呢？诚然，个别城市房价确实暴涨了，但更多城市的房价还是"跌跌"不休，而且随着城镇化进程的放缓、人口结构的倒置、土地供应量的放开，长期来看房价下跌是必然的。所以，在大部分城市，可能再也不会有像以前那种楼盘看一次涨一次的情况出现了。不管政策出不出，楼价都会下跌。尽管对房产投资者和旁观者而言，有些楼盘价格下跌 20% 也不便宜，但对已经买了房子的人而言，心里就不知道是什么滋味了。

投资 P2P 的，投资民间金融的，还有各种实业办厂的……也别抱什么幻想，能把本金拿回来就算是万幸了。

再说那些手里捏着人民币一直观望的，其实也好不到哪里去。虽然财富的绝对数字没少，但看看外汇汇率，再去国际市场上看看购买力，啥也不干手里的钱就在贬值，而且还贬得不少，基本上也会感到同样的忧伤。

那应该怎么办呢？

我的观点其实特别简单，就是找到你身边可靠朋友里最优秀的人，把钱给他，让他去赚钱，赚钱了大家分，但也要承担他失败的风险。对于个人投资来说，这是目前最大的投资机会。

众所周知，主流的个人投资方式目前都在利亏，其实大部分的投资方式都不太适合普通人。我们不妨来简要回顾一下：

股票：目前来说，大级别的行情不太容易遇到，个股把握难度高，对于不愿投入时间的个人投资者而言意义不大。

基金：对于公募基金的业绩，也只能无奈地笑笑了。

P2P：现在大部分的P2P到底靠不靠谱不好说，所谓的品牌、保险公司保险都是虚的，若是认识大股东、投资方或者CEO，了解运营机制就投吧，不然还请谨慎考虑！

银行定期：通胀无可避免，资金放多久就意味着贬值多久！

房产：部分城市房价确实看涨，但大部分城市的房价变动必然还是维持在一个有限的范围内，因为人口结构决定了房价走势。

新三板等：这块投资门槛会逐渐抬高，资金流动也很困难。新三板确实是多层次资本市场的组成部分，但肯定不是针对老百姓而言的。

PE投资：这类投资风险太高，投资门槛也很高。

早期投资：风险也很高，但初创时候的门槛不高，可以考虑。

为什么说投资身边的人，是目前最好的选择呢？

这个观点我一直在对身边的朋友反复地说，也是我很认真诚恳的建议。未来两年，别想太多其他的投资方式（当然有特殊技能除外），找身边靠谱朋友里最优秀的那个，不管他是在创业还是准备创业，抑或者是他有特别靠谱的朋友在创业，没关系，请他吃饭！请他喝茶！总之，不管你的钱是多还是少，一定要把钱给他，将自己和他的未来绑定在一起。短期不敢说，长期而言，肯定比你自己做所谓的投资要靠谱得多。

我既是这么建议，也是这么做的。原来我的基金公司投资了一个好朋友，做互联网房产领域的创业，现在他的公司估值已经比我当时投资的时候涨了100多倍；还有个同学也在创业，其他几个同学集资入股，2015年公司新三板挂牌，交易良好，同学走上了人生巅峰，我们也坐等分钱了。

我是专职做早期投资的，虽然从业时间不算长，差不多只有5年，只能勉强算是经历了一个完整周期。但我在这5年间，想明白了几个道理：

趋势最重要；

人才最重要；

时间点最重要。

也就是说：要想创业成功，趋势、人、时间点缺一不可！

现在整个行业的趋势已经非常明显，纯粹的互联网创业机会已经

193

不多，互联网已经在逐步提升和改造各行各业的流程以及效率。但是，现在很多行业和细分行业都还有一些机会，虽然不一定是 BAT 级别的机会，但仍有足够的空间去成就无数的优秀公司。而且整个发展速度会非常快，进度也会非常快。由于各行各业对互联网都已非常熟悉，接下来就是如何利用得更好的问题了。

这是一个趋势，所以只要在各行各业找到资深的、对互联网有感觉的人，然后在合适的时间点上做合适的事情就成了。这种投资机会难就难在对人、行业和时间点的判断上，也是投资机构要花大量人力物力去调研、试探、下赌注的地方。但对个人来说，寻找到这样的投资机会几乎是不可能的。

但个人投资者也有自己的优势，那就是独特的人脉和经历。如果你和一个同学或者朋友交往了 10 年以上，那么你对他的人品、业务能力、习性都有比较深入的了解。如果他要去创业，那就不需要调研了，直接把钱给他，让他自己去找合适的时间点与合适的机会就好了。

如果成了，那就分享利润；如果不成，那就当支持朋友和同学了。

我坚信我身边的很多朋友在他们的行业里面是极为优秀的，他们中的一部分人一定能够成事，运气好还可能成大事。我非常希望能和他们站在一起，把钱给他们，尽我所能帮助他们，提高他们的成功率，参与他们的成长，或者说与他们共同成长。所以，我现在选择将钱投给他们，而且未来几年也会一直这么做。

我相信每个人周围都有非常优秀的朋友或者同学，你只需要找到他们，并千方百计把钱给他们。

罗振宇曾经讲过一个故事，能说明我这个观点：有一群人被困在一个山洞里，随身带的粮食还算充足，够吃几个月，但总得走出去，不然只能坐吃等死。所以大家就把粮食给了一小部分人，让他们去探路，去找方向，然后回来带领大家走出去。

其实现在的大环境是一样的。别想着怎么吃粮食和自己瞎跑，而是把粮食给那些优秀的人，这也是把希望留给了自己。

至于如何判断人，没有特别的方法，就是我前面反复讲的：认准你靠谱朋友里面最优秀的那一个。

所以，如果你觉得自己没有创业的才能或实力，那就多了解下你周围那些优秀的朋友，看看他们有何动向。如果找到了，这笔投资将很可能会改变你的人生！

图书在版编目（CIP）数据

创业时，不可不知的细节 / 杨轩著 . — 杭州：浙江大学出版社，2017.4
ISBN 978-7-308-16772-7

Ⅰ. ①创⋯ Ⅱ. ①杨⋯ Ⅲ. ①创业－基本知识 Ⅳ.① F241.4

中国版本图书馆 CIP 数据核字（2017）第 060131 号

创业时，不可不知的细节

杨 轩 著

策　　划	杭州蓝狮子文化创意股份有限公司	
责任编辑	杨　茜	
责任校对	张一弛	
封面设计	卓义云天	
出版发行	浙江大学出版社	
	（杭州市天目山路 148 号　邮政编码 310007）	
	（网址：http://www.zjupress.com）	
排　　版	杭州兴邦电子印务有限公司	
印　　刷	杭州钱江彩色印务有限公司	
开　　本	710mm×960mm　1/16	
印　　张	13	
字　　数	137 千	
版 印 次	2017 年 4 月第 1 版　2017 年 4 月第 1 次印刷	
书　　号	ISBN 978-7-308-16772-7	
定　　价	39.00 元	